KÄFER-BÜCHER FÜR DEN KÄFER-FREUND UND HOBBY-TUNER

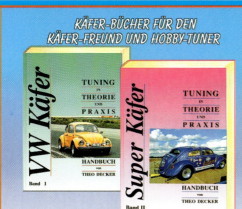

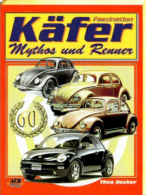

VW Käfer	Band I	ISBN 3-929766-00-0
Super Käfer	Band II	ISBN 3-929766-01-9
Käfer-Welt	Band III	ISBN 3-929766-02-7
Käfer-Träume	Band IV	ISBN 3-929766-03-5
Käfer-Faszination		ISBN 3-9804498-1-5

Je Band
DM 48,-

Jetzt auch für Ihren PC
1001 Galaktische Käfer auf CD-ROM

Mehr als 1001 Bilder von Käfer & Co. in einer musikalischen Diashow.

Die gesamte Käfer-Chronik.

Käfer-Club-Adressen.
Käfer-Tuner-Adressen.

ISBN 3-9804498-7-4

NEU!

Über 1001 Bilder von Käfer & Co.
Daten, Fakten und Hintergründe.
Ein kompletter Überblick über
die Technik und die technischen
Änderungen in 6 Jahrzehnten!

Mit 90 Minuten stimmungsvoller
Musik zum "Way of Life"
des Käfers der letzten 50 Jahre.

ACB Verlag DM 48,-

GOLF Bücher

GOLF Tuning Band I
GOLF Tuning Band I
GOLF Variationen Band III
GOLF Motorsport Band IV

VW GOLF Band I	ISBN 3-929766-10-8
VW GOLF Band II	ISBN 3-929766-11-6
VW GOLF Band III	ISBN 3-929766-12-4
VW GOLF Band IV	ISBN 3-929766-13-2

Je Band
DM 48,-

ACB Verlags GmbH
Krokusweg 8 42579 Heiligenhaus
Tel.: 0 20 54 - 37 27 Fax: 0 20 54 - 66 09

Käfer-Träume

von
Theo Decker
Helmut Horn

Faszination der Star´s aus aller Welt

Jetzt auch für Ihren PC

1001 Galaktische Käfer auf CD-ROM

Mehr als 1001 Bilder von Käfer & Co. in einer musikalischen Diashow.

Die gesamte Käfer-Chonik.

Käfer-Club-Adressen.
Käfer-Tuner-Adressen.

ISBN 3-9804498-7-4

NEU!

Über 1001 Bilder von Käfer & Co. Daten, Fakten und Hintergründe. Ein kompletter Überblick über die Technik und die technischen Änderungen in 6 Jahrzehnten!

Mit 90 Minuten stimmungsvoller Musik zum "Way of Life" des Käfers der letzten 50 Jahre.

ACB Verlag
Krokusweg 8 42579 Heiligenhaus
Tel.: 0 20 54 - 37 27 + 97 05 97
Fax: 0 20 54 - 66 09

DM 48,-

INFOTIP

Qualität:	gut
Preis-Leistung:	sehr gut
Preis:	48, DM

Käfer-Träume

Alles Käfer ... oder was!

Bildband
Schnell, Schön, Extravagant.
Faszination der Star´s aus aller Welt

von
Theo Decker
Helmut Horn

ACB Verlags GmbH
Krokusweg 8
42579 Heiligenhaus

Titelbild
Dipl. Designer Theo Decker

Gestaltung, Satz, Repro, Vertrieb:
ACB Verlags GmbH
Krokusweg 8
42579 Heiligenhaus

Tel.: 0 20 54 - 37 27
Tel.: 0 20 54 - 97 05 97
Fax: 0 20 54 - 66 09

© Copyriqht 1998
by ACB Verlags GmbH

Text, Abbildungen und Daten wurden mit größter Sorgfalt erarbeitet. Verlag und Autor können jedoch für eventuell verbliebene fehlerhafte Angaben und deren Folgen weder eine juristische Verantwortung noch irgendeine Haftung übernehmen.

Dieses Buch einschließlich aller seiner Teile ist urheberrechtlich geschützt. Alle Rechte der Verbreitung, auch durch Film, Funk, Fernsehen sowie der Übersetzung, Fotokopie und des teilweisen Nachdrucks wie auch durch Mikrofilm oder in eine für Maschinen, insbesondere Datenverarbeitungsanlagen verwendbare Sprache, sind vorbehalten.

Printet in Germany

ISBN 3-9804498-5-8

KÄFER • BUS • TYP 3+4 • KARMANN GHIA • K70

Unser Service – Ihr Vorteil!

- Volkswagen Neuteile
- Ladengeschäft
- Täglicher Versand weltweit, keine Verpackungskosten
- Bestellung telefonisch, schriftlich o. per Fax
- Umtausch bzw. Rückgaberecht
- Fachkundige Beratung durch langjährige Erfahrung

Ca. 50.000 verschiedene VW-Ersatzteilpositionen für luftgekühlte VW's auf mehr als 2.800 m² Lagerfläche!

Unsere Käfer-, Karmann Ghia-, und VW Bus-Kataloge bieten einen Einblick in unser umfangreiches Lieferprogramm. Bei Bestellung von Teilen für Typ 3, Typ 4 und K 70 bitte anrufen oder Suchliste schicken/faxen.
Für Anfragen und Beratung stehen wir Ihnen gern zur Verfügung.

Gesamtkataloge:

Alle Katalog im DIN A4-Format.
2 Kataloge zusammen nur 30.- DM,
alle 3 zusammen nur 45.- DM!

KÄFER
Die neue Auflage,
300 Seiten, über 500 Bilder.
Vorkasse 20.- DM.

BUS T1/T2/T3
Das aktuelle Nachschlagewerk
für alle Busse von 1950-1992.
Ca. 180 Seiten, mit vielen Abb.
20.- DM Vorkasse!

KARMANN GHIA
Die aktuelle
2. Auflage,
120 Seiten,
über 170 Bilder.
Vorkasse 15.- DM.

AXEL STAUBER

HANNOVERSCHE STRASSE 41 • 34355 STAUFENBERG-LANDWEHRHAGEN
TEL. 0 55 43 / 9 41 10 • FAX 94 11 22

Öffnungszeiten Mo. - Fr. 10:00-13:15 +14:00-18:00 Uhr. A7-Abfahrt Lutterberg od. Kassel-Nord.

Ein Blick in die Sammlung Volkswagen.

Paris hat den Eiffelturm, London den Tower, Berlin den Funkturm. Wolfsburg hat das Stammwerk aller Volkswagen, die größte Automobilfabrik der Welt unter einem Dach. Und: das AutoMuseum. die interessante technisch historische Sammlung der Volkswagen AG

Auf 5000 qm werden etwa 140 Exponate gezeigt, davon 110 überwiegend historische Automobile des VW-Konzerns. Weitere Fahrzeuge umfassen den Motorsport sowie Forschungsobjekte. Darüber hinaus werden Prototypen gezeigt, historische Dokumente, Grafiken, Fotos.

Das AutoMuseum Volkswagen, Dieselstraße 35, Wolfsburg freut sich auf Ihren Besuch. Es ist täglich von 10.00-17.00 Uhr geöffnet.

Stiftung AutoMuseum Volkswagen

Käfer-Träume

Aus welchem Blickwinkel man den Käfer auch immer betrachtet, er ist und bleibt ein faszinierendes Auto.

Dieses Buch
ist keine Aneinanderreihung von Daten und Fakten über die technische Entwicklung und den Werdegangs des Käfers, sondern es zeigt mit welchen Augen dieses Kultobjekt von seinen Liebhabern gesehen wird.

Über 500 farbige Aufnahmen vermitteln einen einzigartigen Eindruck und spiegeln die vielen Gesichter des Käfers wider.

Obwohl er seit Jahrzehnten nur noch in geringer Stückzahl im fernen Ausland produziert wird, spielt er in der Szene sowie auf nationalen und internationalen Käfertreffen weiterhin eine grosse Rolle.

So soll dieser Bildband nichts anderes sein, als die Spiegelung des Interesses, das diesem Auto, auch 60 Jahre nach seiner Entstehung, immer noch entgegengebracht wird.

Wir hoffen, Sie haben viel Freude beim Betrachten dieser Bilder.

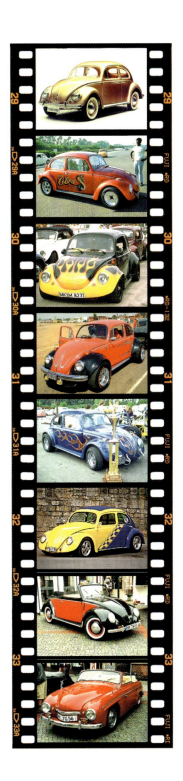

Wie alles begann

Eigentlich weiß jeder Käfer-Freund genau wie sein bevorzugtes Modell entworfen, geplant, wieder verworfen und dann doch gebaut wurde.

Ferdinand Porsche hatte sich bereits Anfang der 30er Jahre bei den verschiedensten Automobilherstellern mit seinen Entwürfen vorgestellt. Aber die Zeit für einen „Volkswagen" war noch nicht gekommen.

Doch dann fand er einen Verbündeten für seine Idee.
Gegen den Widerstand der deutschen Autoindustrie und nur durch die Protektion des „Führers", der sich von diesem Auto eine enorme Werbewirksamkeit versprach, konnte die Entwicklung bis zur Serienreife fortschreiten.

Leider wurde dann durch die geschichtliche Entwicklung die Idee des „Volkswagens" erst einmal in den Hintergrund geschoben. In den halbfertigen Werkshallen der KdF-Stadt wurden dann hauptsächlich kriegstaugliche Fahrzeuge hergestellt.

Aus dieser Zeit sind bis heute noch einige Kommandeurswagen, einzelne Schwimmwagen und einige wenige KdF-Wagen erhalten. Manche davon kann man auf Käfer-Treffen bewundern, denn sie werden von ihren Besitzern gehegt und gepflegt.

Nach dem Krieg glaubte zunächst niemand an eine Wiederauferstehung des Volkswagenwerks. Am wenigsten die Deutschen selbst, die geschlagen und verzweifelt versuchten, sich am Leben zu erhalten.

Die Autoindustrie anzukurbeln, um den Menschen Autos zu verkaufen, war im Jahre 1945 nicht denkbar.

Man war bemüht den Schutt wegzuräumen, Wohnungen zu schaffen und Nahrung zu bekommen.

Und eigentlich ist es dem britischen Major Ivan Hirst zu verdanken, daß der Käfer wieder zu krabbeln begann.
Er war der einzige der glaubte, daß man in den zu 80% zerstörten Werkshallen in der Lage sei ein Auto zu bauen.

Und die Menschen, die schon während des Krieges die Maschinen versteckt und die Werkzeuge gehütet hatten, begannen mit ihrer Arbeit.

Die ersten paar hundert Käfer wurden „zusammengeschustert" und an die britische Armee geliefert.

Die Nachfrage stieg. Langsam normalisierte sich das Leben wieder.

Die Briten gaben das Volkswagenwerk, das sie bei Kriegsende beschlagnahmt hatten, an die Deutschen zurück. Die ersten Aufträge aus dem Ausland lagen vor und das Werk bekam 1948 mit Heinrich Nordhoff einen Direktor, der mit Recht später Mr. Volkswagen genannt wurde.

Das Wirschaftswunder begann ganz vorsichtig zu blühen. Die ersten Käfer wurden exportiert. Länder wie die Niederlande, die Schweiz und Schweden, um nur einige zu nennen, nahmen Handelsbeziehungen nach Wolfsburg auf.

Der Käfer entwickelte sich stetig weiter. Im Laufe der Jahre erhielt er stärkere Motoren, bessere Bremsen, eine stabilere Straßenlage und vieles mehr an Verbesserungen.
Die Devise von Heinrich Nordhoff war: „Entwicklung muß immer Verbesserung des Bestehenden bedeuten!"

Und so bestimmte der Käfer weitgehend in den fünfziger und sechziger Jahren das Straßenbild in Europa und wurde bekannt in der ganzen Welt. Noch heute, 60 Jahre nach der Grundsteinlegung des Volkswagenwerks, werden Käfer, wenn auch in Mexiko gebaut, von Liebhabern gekauft und gefahren. Inzwischen hat er seinen eigenen Weltrekord schon lange überboten. Denn in Mexiko

NSU Prototyp / Porsche 32 Baujahr 1934 - 1470 ccm, 28 PS (20 kW) bei 3300 U/min

1932 baute Porsche den ersten Volkswagen-Vorläufer für die Firma Zündapp

wird schon auf die 23. Million hingearbeitet. Und es sieht nicht so aus, als wenn die Pressen und Bänder für den Käfer bald verschrottet würden. Im Gegenteil, gerade jetzt, wo der New Beetle in der ganzen Welt Furore macht, hat sich die Anhängerschaft des guten alten Käfer um so enger zusammengeschlossen. Obwohl der „Nachfolger" jetzt die modernere Technik hat und alles was ein „High-Tech" Automobil eben so braucht, die Käfer-Fans werden bei ihrem geliebten „Old-Beetle" bleiben.

Polizei-Streifenwagen von Hebmüller Typ 18 A, 1949

Technische Daten:
Vierzylinder-Boxermotor, luftgekühlt
Bohrung: 75 mm, Hub: 64 mm
Hubraum: 1131 ccm
Leistung: 25 PS (18 kW) bei 3300 U/min
Höchstgeschwindigkeit: 100 km/h
Fahrgestellnummer: 1-103 325

482 Fahrzeuge dieses Typs wurden gebaut, bevor das Modell Türen bekam und 15 A M 47 genannt wurde.

Die Anfänge der Historie dieses Wagens liegen im Dunkeln. Klar wird die Geschichte erst Anfang der 60er Jahre, als Ernesto Krause, Leiter der Volkswagen-Interamericana, diesen Wagen in Hamburg auf der Straße sah und ihn unbedingt haben wollte. Er wurde von Studenten gefahren und Ernesto Krause kaufte ihn auf der Stelle.
Er benutzte ihn bis zu seinem Tode als Freizeitfahrzeug in der Lüneburger Heide.
Nach seinem Tod stand der Wagen bis 1981 ungenutzt in der Garage.
Schließlich bot Frau Krause aus dem Nachlass ihres Mannes dem Volkswagenwerk den Wagen als Geschenk für das Museum an.
1983 wurde der 18 A vollständig restauriert und steht nun in altem Glanz im AutoMuseum Wolfsburg.

Volkswagen Cabriolet 15 A 1949

Ebenso im Museum Volkswagen steht das älteste Nachkriegscabriolet. Diese Geschichte ist von Anfang bis Ende übersichtlich.

Am 30. Oktober 1949 wurde dieser Wagen erstmals zugelassen, und zwar für den Witzenhausener Kurzwarenhändler Gögge, der das Cabriolet als Geschäftsfahrzeug bis 1977 nutzte.
In den letzten Jahren wurde der Wagen allerdings nur noch wenig bewegt, lediglich einmal wöchentlich zum Honigeinkauf in einer Nachbargemeinde. Im Herbst 1977 erwarb der Fuldataler Silberschmied Otto Weymann - der in Deutschland erstmals den Käfer als sammelswerten Oldtimer in der Öffentlichkeit propagierte und in seiner Heimatgemeinde das erste Veteranentreffen organisierte diesen Wagen.
Das Fahrzeug befand sich technisch in einem sehr guten Zustand. Lediglich optisch mußte das Cabriolet restauriert werden.
Dies wurde von Herrn Weymann noch im Jahr des Erwerbs veranlaßt.

Aus Gesundheitsgründen verkaufte Otto Weymann im September 1984 den Wagen an das AutoMuseum Wolfsburg, trotz anderweitiger höherer Angebote, besonders aus den USA.
Otto Weymann war jedoch der Ansicht, daß dieses Cabriolet, das erste aus einer Serie von über 300 000 Volkswagen Käfer-Cabrios, in das Museum nach Wolfsburg gehört.
Hier mußte nichts mehr nachgebessert werden. Ohne weitere Restaurierungen konnte der Wagen wegen seines ausgezeichneten Erhaltungszustands ausgestellt werden.

Technische Daten:
Vierzylinder-Boxermotor, luftgekühlt
Bohrung: 75 mm, Hub: 64 mm
Hubraum: 1131 ccm
Leistung: 25 PS (18 kW) bei 3300 U/min
Höchstgeschwindigkeit: 100 km/h
Fahrgestellnummer: 1-0121217
ältestes Nachkriegscabriolet

Letzter ADAC-Straßenwacht-Käfer 1973

695 Käfer hat das Volkswagenwerk seit 1962 an den Allgemeinen Deutschen Automobil-Club (ADAC) für die Straßenwacht geliefert.

Wie oft mit diesem Käfer in Bedrängnis gekommenen Autofahrern geholfen werden konnte, läßt sich nicht genau ermitteln. Ebensowenig die Fahrleistung, vermutlich sind es jedoch über 320 000 Kilometer, da ein Straßenwacht-Fahrzeug des ADAC durchschnittlich 50 000 Kilometer pro Jahr zurücklegt.

Am 20. November 1981 kam dieser Wagen als Dauerleihgabe des ADAC in den Museumsbestand des AutoMuseum Volkswagen in Wolfsburg.

Er dokumentiert heute im AutoMuseum Wolfsburg ein bedeutendes Stück Verkehrs- und Sicherheitspolitik auf deutschen Straßen und Autobahnen.

Technische Daten:
Vierzylinder-Boxermotor, luftgekühlt
Bohrung: 77 mm, Hub: 64 mm
Hubraum: 1285 ccm
Leistung: 44 PS (32 kW) bei 4100 U/min
Höchstgeschwindigkeit: 125 km/h

Der 1. 000. 000. Volkswagen hat heute seinen Platz im AutoMuseum Volkswagen

Der 1. 000. 000 Volkswagen

Fahrgestellnummer: 1- 1 000 000

Nach harten Jahren der Nachkriegszeit und des Aufbaus des zu zwei Drittel zerstörten Werks war dieses Auto 10 Jahre nach Kriegsende und 7 Jahre seit Nordhoffs Eintritt, der Ausdruck des neugewonnenen Selbstbewußtseins des Volkswagenwerks.
1 000 000 Fahrzeuge eines Typs hatte es bisher in der deutschen Automobilgeschichte noch nicht gegeben. Dieses Jubiläum wurde daher auch in besonderer Weise in Wolfsburg gefeiert.
Aus allen Ländern, in die der Käfer geliefert wurde, kamen die Gäste und brachten dem Volkswagenwerk und seinen Mitarbeitern ihre Glückwünsche zu diesem Ereignis.
Der Jubilar war in besonders nobler Ausstattung am 5. August 1955 vom Band gelaufen: Gold-Metallic-Lackierung, Brokat-Polster und geschliffene Glasperlen auf allen Chromteilen

Technische Daten:
Vierzylinder-Boxermotor, luftgekühlt
Bohrung: 77 mm, Hub: 64 mm
Hubraum: 1192 ccm
Leistung: 30 PS (22 kW) bei 3400 U/min
Höchstgeschwindigkeit: 110 km/h
Fahrgestellnummer: 1-1000000

Der Hochzeitskäfer, ein außergewöhnliches Käfer Exemplar

„Käfig Käfer" (Hochzeits Käfer)

Ein geduldiger Künstler aus Mexico hat diesen Käfer aus Schmiedeeisen von Hand gefertigt. Hunderte von Arbeitsstunden für ein Ergebnis, vor dem man den Hut ziehen kann.

Welcher Käfer-Fan möchte nicht darin zur Hochzeit fahren?

Der Versuchsbau des von Volkswagen entwickelten „Maxi-Käfers"

Schon lange währt die Partnerschaft zwischen der Fernsehlotterie „Ein Platz an der Sonne" und dem Volkswagenwerk. 1973 wollte man für die gemeinsamen Veranstaltungen etwas Besonderes haben, um die Künstler, die sich in den Dienst der guten Sache gestellt hatten, optisch entsprechend transportieren zu können.

Der Versuchsbau des Volkswagenwerks entwickelte den „Maxi-Käfer". 750 mm ist dieses Fahrzeug länger als der normale Käfer. Durch besondere Maßnahmen im Hinblick auf die Steifigkeit des Wagens bot er dann 10 Insassen bequem Platz und guten Ausblick.

Auch bei späteren Veranstaltungen jeglicher Art, seien es Schützen- oder Volksfeste, Käfer-Veteranentreffen oder V.A.G.-Partner- Jubiläen, war der Maxi-Käfer stets gern gesehen und erregte immer große Aufmerksamkeit.

Technische Daten:
Vierzylinder-Boxermotor, luftgekühlt
Bohrung: 69 mm, Hub: 77 mm
Hubraum: 1285 ccm
Leistung: 44 PS (32 kW) bei 4100 U/min
Höchstgeschwindigkeit: 85 km/h

Ein Studien-Exemplar auf Käferbasis

Seit den Anfängen der fünfziger Jahre haben Hobby-Bastler, Karosseriebauer und Designer versucht, der Käfer-Karosse mit anderen Aufbauten zu einem schöneren und windschnittigeren Aussehen zu verhelfen.
Deutsche Firmen wie Hebmüller und Rometsch aber auch unbekannte Bastler aus aller Welt.
Hier abgebildet ist eine Studie, die im AutoMuseum Volkswagen ausgestellt ist.

Technische Daten:
Vierzylinder-Boxermotor, luftgekühlt
Bohrung: 83 mm, Hub: 69 mm
Hubraum: 1493 ccm
Leistung: 44 PS (32 kW) bei 4000 U/min
Höchstgeschwindigkeit: 145 km/h

Der Ur-Käfer mit dem Ur-Spoiler, erstmals vorgestellt auf dem Genfer Salon 1952

Erster Spoiler für einen VW-Käfer vorgestellt von Karl Meier (Kamei) auf dem Genfer Automobil-Salon 1952.
Allerdings mußte er diesen Wagen vor dem Ausstellungsgebäude zeigen, da man ihm mit diesem ausgefallenen Modell in der Halle keinen Platz vermieten wollte.
Damals wurde der Spoiler noch als Humbug belächelt. Heute ist er vom Automobil nicht mehr wegzudenken.

Technische Daten:
Vierzylinder-Boxermotor, luftgekühlt
Bohrung: 75 mm, Hub: 64 mm
Hubraum: 1131 ccm
Leistung: 25 PS (18 kW) bei 3300 U/min
Höchstgeschwindigkeit: 105 km/h
Fahrgestellnummer: VR 1145

Das Volkswagen-Bähnle von 1958

Die Karosseriefirma F. Rometsch in Berlin-Halensee, die bereits seit Anfang der 50er Jahre Volkswagen Käfer umbaute und mit Sonderkarosserien versah, bekam den Auftrag, ein „Besucherbähnle" zu bauen.

Wieder war der Käfer, wie konnte es in der Volkswagenstadt anders sein, die Basis. Man schuf als Zugfahrzeug eine besonders interessante Cabrioversion für fünf bis sechs Personen.

Dieser Platz reichte jedoch bei weitem nicht aus, denn das Bähnle erfreute sich vom Start an großer Beliebtheit bei den Volkswagenstädtern und ihren Gästen, so daß gleich zum Zugwagen auch noch ein entsprechender Anhänger von der Karosseriefabrik Harmening in Bückeburg gebaut wurde, der weiteren 48 Personen Platz bot.

Von 1958 bis 1976 fuhr das Volkswagen-Bähnle zahllose Besucher durch die Stadt Wolfsburg und brachte ihnen im direkten Anschauungsunterricht die moderne Volkswagenstadt näher.

Technische Daten:
Vierzylinder-Boxermotor, luftgekühlt
Bohrung: 85,5 mm, Hub: 69 mm
Hubraum: 1584 ccm
Leistung: 50 PS (37 kW) bei 4000 U/min
Höchstgeschwindigkeit: 85 km/h

Der Weltmeister! Es waren mehr Käfer als Ford-Lizzy gebaut worden

Am 17. Februar 1972 lief im Volkswagenwerk Wolfsburg der 15 007 034. Käfer vom Band. Es war ein Fahrzeug der Modell-Reihe 1302, erstmalig mit Federbein-Vorderachse.

Mit dieser Produktionszahl wurde der bis dahin bestehende Rekord des Ford T-Modells, der Tin Lizzy, mit 15 007 033 produzierten Fahrzeugen überboten.

Das Produktionsjubiläum trug ihm den Namen „Weltmeister" ein.

Technische Daten:
Vierzylinder-Boxermotor, luftgekühlt
Bohrung: 85,5 mm, Hub: 69 mm
Hubraum: 1584 ccm
Leistung: 50 PS (37 kW) bei 4000 U/min
Höchstgeschwindigkeit: 125 km/h

Dieser schwimmende Käfer durchquerte am 16. Juni 1964 die Meerenge von Messina

Am 16. Juni 1964 durchquerte dieser umgebaute VW-Käfer die Meerenge von Messina. In Italien war der Käfer über viele Jahrzehnte fast ebenso beliebt wie der Fiat. Und so hat dieses Ereignis natürlich in Italien große Begeisterung ausgelöst.
Heute hat der Käfer seinen Platz im AutoMuseum Wolfsburg gefunden. Nur noch gelegentlich wird er zu Wasser gelassen.

Technische Daten:
Vierzylinder-Boxermotor, luftgekühlt
Bohrung: 77 mm, Hub: 64 mm
Hubraum: 1192 ccm
Leistung: 30 PS (22 kW) bei 3400 U/min
Höchstgeschwindigkeit: 110 km/h

VW-Rennwagen von 1949 / 1950, Fahrer Petermax Müller

Bei dem ausgestellten Fahrzeug handelt es sich um einen Rennwagen, der in den Jahren 1949/50 von dem bekannten Rennfahrer Petermax Müller gebaut und gefahren wurde.
Auf ein normales Fahrgestell mit lediglich geringfügig verändertem Radstand setzte er eine Leichtmetall-Stromlinienkarosserie, die von einem Spengler in Handarbeit gefertigt worden war.
Zur Erreichung der Höchstgeschwindigkeit waren natürlich Eingriffe in den Motor erforderlich; dazu gehörten neuentwickelte Zylinderköpfe mit V-förmig angeordneten Ventilen sowie eine Ausrüstung mit vier Vergasern.
Mit diesem Wagen wurde Petermax Müller 1949 Deutscher Meister in seiner Klasse.
Ferner konnte er acht Internationale sowie 22 Nationale Rekorde „erfahren".
Bei einem 10 000 km-Test wurde eine Durchschnittsgeschwindigkeit von 126 km/h erreicht.

Herr Petermax Müller hat dieses Fahrzeug freundlicherweise dem AutoMuseum Volkswagen in Wolfsburg zur Verfügung gestellt.

Technische Daten:
Vierzylinder-Boxermotor, luftgekühlt
Bohrung: 77 mm, Hub: 64 mm
Hubraum: 1095 ccm
Leistung: 54 PS (40 kW) bei 5400 U/min
Höchstgeschwindigkeit: 200 km/h

Volkswagen Cabriolet. Ein „Prototyp" Baujahr 1936 Fahrgest Nr. 31

Die Geschichte dieses Autos liest sich wie eine Odyssee.
Der erste Besitzer dieses Wagens mit der Fahrgestellnummer 31 war Adolf Hitler. Ihm wurde dieses Cabriolet auf dem Obersalzberg geschenkt.
Den Zweiten Weltkrieg überstand das Auto relativ unversehrt mit einer geringen Kilometerleistung.
Seinen zweiten Besitzer fand der Wagen am 29. Juni 1945, nachdem ihn die Amerikaner bei Kriegsende auf dem Obersalzberg requiriert hatten. Ein Diplom Ingenieur aus Heppenheim erwarb und fuhr ihn etwa 250 000 Kilometer.
Der Verkaufspreis danach: DM 2.500,-.
Von 1951 bis 1954 legte das Cabrio weitere 180 000 Kilometer mit dem dritten Besitzer zurück. Sein Kommentar:" Es zog im Auto, und wir hatten oft nasse Füße". Trotzdem fuhr man dieses Auto gern.
1954 erwarb ein Autohändler das Cabriolet für DM 600,-, restaurierte es für DM 1.000,- und verkaufte es an seinen fünften Besitzer, der mit ihm Reisen nach Italien und Österreich unternahm, ohne eine Panne zu haben.
Der sechste Besitzer fuhr ihn weitere 80 000 Kilometer bis April 1956 und verkaufte ihn mit einer Gesamtfahrleistung von 590 000 Kilometern an die Münchener Volkswagen-Vertretung. Von dort kam der Wagen in den Besitz des Volkswagenwerks und ist seitdem ein besonders gehütetes Museumsstück.

Technische Daten:
Vierzylinder-Boxermotor, luftgekühlt
Bohrung: 70 mm, Hub: 64 mm
Hubraum: 985 ccm
Leistung: 24 PS (18 kW) bei 3000 U/min
Höchstgeschwindigkeit: 100 km/h

Herbie aus dem Film „Ein toller Käfer" von 1969

Wer kennt ihn nicht, den Film „Ein toller Käfer"? Herbie war der Star dieses Films. Ein Käfer mit durchaus menschlichen Zügen, der praktisch alles konnte.

Walt Disney drehte diesen Welterfolg, der Millionen zum Lachen brachte.

Daß die schwierigen Drehaufnahmen natürlich nicht nur mit einem einzigen Käfer gemacht werden konnten, versteht sich fast von selbst, denn schließlich waren zu viele Situationen zu überstehen, die ein normales Auto total zerlegt hätten.

So waren für diese Produktion und anschließende Werbung für diesen Film viele Käfer im Einsatz, so auch dieser Herbie, der im AutoMuseum Volkswagen steht. Wenn er heute etwas „abgegriffen" aussieht, liegt es daran, daß viele, die den Film gesehen hatten, auch das „Original" einmal streicheln wollten.

Technische Daten:
Vierzylinder-Boxermotor, luftgekühlt
Bohrung: 77 mm, Hub: 64 mm
Hubraum: 1192 ccm
Leistung: 30 PS (22 kW) bei 3400 U/min
Höchstgeschwindigkeit: 110 km/h

Alles für den VW-Käfer:

Komplettmotoren mit Straßenzulassung u. TÜV, Rennmotoren, Kolben, Zylinder, Zylinderköpfe, Kurbelwellen und Pleuel, Spezialnockenwellen u. Stössel, Rennstössel 53 g, Ventile, Federn, Vergaseranlagen, Luftfilter, Ansaugstutzen, Ölpumpen, Ölkühleranlagen, Auspuffanlagen, Porsche 4-Kolben Bremsanlage v+h für alle Käfer, Karmann etc., Räder, Reifen, Stabilisatoren, Stoßdämpfer, Instrumente, Schalensitze, Verschleiß- und Blechteile und vieles mehr!

Ihr Ersatzteil- u. Zubehör-Lieferant für Mexico-Käfer
Spezialist für luftgekühlte VW Modelle
KFZ-Meisterbetrieb

KÄFER-TUNING
KUMMETAT

Gerd Kummetat
Sutumer Brücken 4, 45897 Gelsenkirchen
Tel.: 02 09 - 58 67 41 / 42   Fax: 58 67 43
Wir beraten Sie gern, rufen Sie uns doch einfach einmal an!

Käfertreffen

Käfertreffen in Deutschland und dem benachbarten Ausland sind in jedem Jahr für alle Käferliebhaber und Käfer-Enthusiasten Termine, um die herum man seine Urlaubstage plant, die man sorgfältig vorbereitet und auf die man sich freut, weil man alte Freunde und gute Bekannte wiedersieht.Nun gibt es die unterschiedlichsten Treffen. Da sind die Jubiläumstreffen, die Treffen bei denen nur bestimmte Jahrgänge zugelassen sind, Treffen nur für Cabriolets und Treffen bei denen alles Luftgekühlte willkommen ist. Außerdem auch noch die Veranstaltungen rund um den Käfer-Cup.

Auch in den neuen Bundesländern hat sich schon eine feste Käfergemeinde etabliert, denn Ende Mai findet nun schon viele Jahre in Dresden das Sächsische Käfertreffen statt.
Im Juni sind alle Wochenenden mehrfach belegt. In Hollage bei Osnabrück, das VW-Luftgekühlten Treffen in Fritzlar, das Käfertreffen in Zeven bei Bremen sowie seit etlichen Jahren das Käfer-Treffen in Papenburg.

Natürlich ist in den genannten Monaten auch im nahen Ausland die Käfergemeinde rührig und so gibt es viele die zu den Treffen auf die Britischen Inseln, nach Schweden, Österreich, die Schweiz Holland oder Belgien fahren.

Käfer-Treffen anläßlich des 50jährigen Jubiläums der AMAG in der Schweiz

Einige dieser Treffen sind so hervorragend organisiert, daß man sie besonders erwähnen muß.

Eigentlich beginnt die Saison jedes Jahr mit dem Maikäfer-Treffen in Hannover. Diesen Termin haben viele Käfer-Fans fest in ihrem Kalender notiert.

Ganz in der Nähe, im benachbarten Luxembourg, findet nun schon zum 10. Mal das Krabbeli-Käfer-Treffen statt. Auch von besonderem Interesse ist die Bug-Show auf der Rennstrecke von Spa-Francorchamps.
Für die Käfer-Cabrio-Fans gibt es über das ganze Jahr verteilt verschiedene Gelegenheiten mit ihrem

geliebten Auto die schönsten Reisen in einer Gruppe von Gleichgesinnten zu unternehmen. Unter anderem kann man zur Formel 1 nach Monte Carlo im Mai fahren oder zur Bootsparty an den Maschsee. Im September können die Cabrio-Liebhaber dann noch gemeinsam nach Sylt zum Weekend-Event fahren.

Es werden für Käfer und Co. sogar Reisen angeboten, die durch alle Länder rund um die Ostsee führen. Das ist Abenteuer pur und viele Käferfahrer haben das Gefühl, daß sie dafür genau das richtige Auto haben.

Es beginnt schon mit der Planung. Der Platz muß angemietet werden. Die behördlichen Genehmigungen müssen eingeholt und der Termin muß rechtzeitig den Medien bekanntgegeben werden, damit auch genügend Käfer zum Treffen kommen. Die vielen Veranstalter und Clubs haben wochenlange Vorbereitungszeiten und investieren viel Zeit und Arbeit in diese Treffen.
Dann spielt das Wetter noch eine große Rolle.
Aber egal wie das Wetter ist, Käfer-Fans schreckt nichts ab. Wie heißt es so schön: Es gibt kein schlechtes Wetter, sondern nur die falsche Kleidung.
Darum werden die Feste gefeiert wie sie fallen.

Über 800 der schönsten Käfer präsentierten sich am Auslieferungslager der AMAG

Später im Jahr findet eines der schönsten Treffen in der Schweiz statt. Jeweils am letzten August-Wochenende treffen sich luftgekühlte VWs in Chateaux-d`Oex. Dieser Ort, bekannt wegen seiner Ballon-Flieger, hat wohl die schönste Kulisse zu bieten. Schweizer Alpen, Bilderbuchdörfer wie gemalt und mitten darin auf einer großen Wiese über tausend der gepflegtesten und ausgefallensten VW-Käfer.

Ein besonders gutes Medium für diese Termine ist das kleine Heftchen:

„Beetle Connection"

Wo trifft man sich in der Käfer & Co. Szene ?, das jedes Jahr im Februar beim ACB Verlag erscheint. Es ist daher ratsam, alle Treffen so früh wie möglich dem Verlag zu melden.
Die Veröffentlichung ist kostenlos.

Mit einem an sich selbst adressierten DIN A5 Umschlag der mit DM 3,-frankiert ist, kann dann jeder Interessierte dieses Heft bestellen und ist das ganze Jahr über bestens informiert.

Die Adresse für diesen Service lautet:

ACB Verlags GmbH, Krokusweg 8
42579 Heiligenhaus.
Tel.: 0 20 54 - 37 27

Das ganze Wochenende über strömten die Käfer aus der Schweiz zu diesem Treffen

Wer möchte hier Schiedsrichter sein und den schönsten Käfer prämieren?

Jeder einzelne war ein Meisterstück.
Manche von ihnen waren ebenso alt wie der Schweizer Importeur; nämlich 50 Jahre, und man sah es beiden nicht an.
Viele waren getunt und verschönert, aber viele waren auch ganz normal geblieben.

Ein Spoiler der Firma Kamei aus den 70er Jahre fiel hier besonders auf

VW 1303, im Porsche-Look aus Lindau.

VW-1300, im Porsche-Look mit Typ 4 Motor und 5-Gang-Getriebe, Porsche-Bremsanlage mit BBS-Porsche-Rädern, breitem Kunststoffkotflügel, „angeglichener" Spoilerstoßstange mit integriertem Ölkühler und einem überdimensionalen Heckspoiler.

Einfache grafische Linien geben dem Käfer ein anderes Aussehen

Von allen Seiten ist er gleich schön und selbst der leistungsstarke Typ 4 Motor wurde farblich dem Wagen angepasst.

rechts:
„Blue Magic"
Eine Kreation von Altmeister Karl Fraund mit reichlich PS unter der Haube.

„Blue Magic" mit um 4 cm verbreiterten Kotflügeln, BBS-Rädern und viel Power

oben: Der Traum in Pink auf einem Treffen in Holland

Kalifornischer Super Bug von Hank Johns

links und unten:
Viel Zeit und Geduld stecken in dieser aufwendigen Lackierarbeit.

Technische Daten:
Vierzylinder-Boxermotor
luftgekühlt
Hubraum: 2,3 Liter
Leistung: 210 PS (154 kW)
bei 6400 U/min
Höchstgeschwindigkeit:
225 km/h

Feuer und Flamme

Dieser amerikanische Faltdach-Käfer aus den siebziger Jahren ist ein weißer Traum mit farbigen Applikationen.

Airbrush in sanften Farben

Technische Daten:
Vierzylinder-Boxermotor
luftgekühlt
Bohrung: 90 mm
Hub: 74 mm
Hubraum: 1881 ccm
Verdichtung: 10,5 : 1
Leistung:
128 PS (93 kW)
bei 5800 U/min
Höchstgeschwindigkeit:
218 km/h

oben und unten: Zwei VW-Käfer im California-Gold-Look

Nicht nur bei uns gibt es gut restaurierte Käfer. Hier in Kalifornien findet man die verschiedensten Varianten.

Und für genügend Fahrspaß sorgt der 158 PS starke Typ 4 Motor.

Spurtstark und verwegen ist dieser PS-starke holländische Renn-Käfer

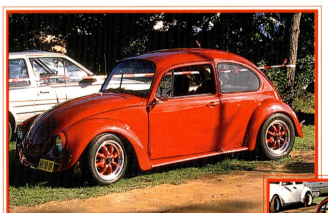

Die Holländer stellen ihre Käfer gerne auf den vielen Treffen aus. Dieser hier ist rot wie Blut und heiß wie das Feuer.

Flott: mit sehr schön integrierten Zusatzinstrumenten und klassischen EMPI 8-Spoke Rädern mit poliertem Felgenbett.

oben: Eine kalifornische Käfer-Variante, giftig wie eine Cobra.
unten: Ein orientalischer Traum

Besonders gravierend der Kontrast. Die Haube ist hervorragend gelungen.

links:
Aufgefallen beim
Käfertreffen in Orange
County Kalifornien.

oben: Käfer mit Farbspiegelungen wie beim Nordlicht.   unten: Das blaue Donner-Huhn

Erster Preisträger beim VW-Schönheits-Wettbewerb in Orange County California

Man muß schon ein passionierter Schrauber sein, um seinen Käfer so auf Vordermann zu bringen.
Dann kann man auch locker den Siegerpokal abräumen.

Aber vor der Begutachtung durch die Jury, noch einmal ein kurzer Fahrzeug-Check.

„The Lee Eliminators" der Killer-Käfer von EMPI, 0 bis 100 km/h 4,7 sec.

„The Lee Eliminators"
Der Käfer, der die anderen Fahrer das Fürchten lehrte.

Er besiegte auf der Viertelmeile die gesamte Konkurrenz.

Technische Daten:
Vierzylinder-Boxermotor, luftgekühlt
Bohrung: 92 mm, Hub: 82 mm
Hubraum: 2176 ccm
Leistung: 235 PS (172 kW) bei 6400 U/min
Höchstgeschwindigkeit: 228 km/h

oben: Chrom-Einstiegsleisten, und trotz Verbreiterung sind die Kotflügel nicht breit genug für die Unterbringung der einzigartigen Chromfelgen.
unten: Eine gute Werbung für VW von einem amerikanischen VW-Händler

oben: Rot und schön, Szenen aus Kalifornien. Die Fahrer bei der Lagebesprechung.
unten: „The Silver Killer" mit seinem Maskottchen, dem Ameisenbär.

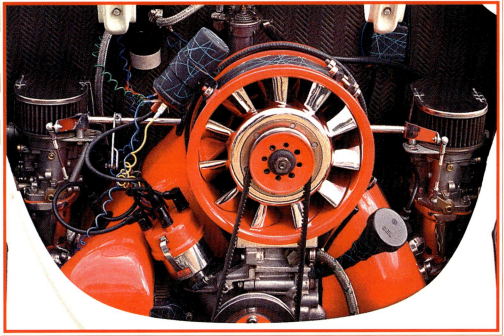

Der weiß/rote Super-Bomber mit dem besonderen Aufbau.

Man beachte vor allem den hinteren Teil.

Technische Daten:
Vierzylinder-Boxermotor, luftgekühlt
Bohrung: 92 mm, Hub: 82 mm
Hubraum: 2176 ccm
Leistung: 256 PS (22 kW) bei 6300 U/min
Höchstgeschwindigkeit: 236 km/h

Extravagante Lackierung in strahlend schönen Farben

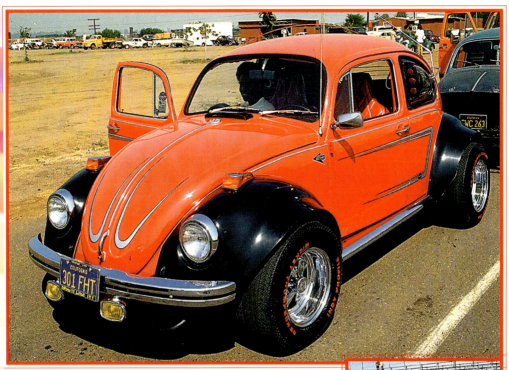

Oben:
Rouge et Noire wie beim Roulette.
Man beachte die Jalousie am Rückfenster und die extrabreiten Felgen.

Links:
Extravagante Lackierung in strahlend schönen Farben. Orange County California. Hier findet jedes Jahr eines der größten Käfertreffen statt.

Technische Daten:
Vierzylinder-Boxermotor, luftgekühlt
Bohrung: 84 mm, Hub: 82 mm
Hubraum: 2,3 Liter
Leistung: 195 PS (243 kW) bei 6200 U/min
Höchstgeschwindigkeit: 218 km/h

1303 Käfer, schön und heiß, mit 2 Liter Typ 4 Motor von Gerd Kummetat

1303, 44 PS Baujahr 1973 (Grundmodell)

Optisch wie Modell 75, mit Schiebedach, Colorverglasung, Stoßfänger in Wagenfarbe lackiert.
Räder: ATS 5,5 Zoll mit Reifen 175/70-15

Fahrwerk:
Kerscher Federbeine mit innenbelüfteten Scheibenbremsen vorn, langes Getriebe aus VW-181. Motor: Typ 4 Kummetat, 2 Liter, 136 PS (99 kW) mit 44er Weber-Vergaser,
Besitzer: Helmut Horn, München.

Der seitliche Schriftzug weist darauf hin, daß es sich um einen Volkswagen handelt

Blick in den Motorraum eines heissen „Le Mans-Renners"

links:
Geisterhaft kommt uns hier „John Ghost".

mitte:
Ganz im Silber- und Gold-Look.

unten:
Alles grün in grün. Iguana, ein südamerikanisches Reptil.

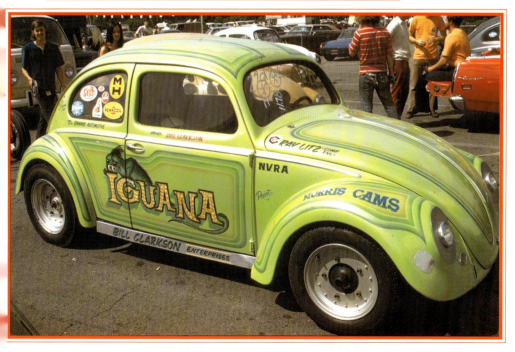

Das feuerrote Spielmobil. Hervorragend abgestimmte Felgen zum roten Konzept

Die Motorhaube mit den zusätzlichen Öffnungen sorgt für eine bessere Belüftung des Motors.

Leistung hat er sicher genug, dieser Häusler-Brezel-Käfer mit breiten Fuchs-Rädern

Häusler-Brezel-Käfer mit 4 innenbelüfteten Scheibenbremsen, Alu-Rädern und Recaro-Ledersitzen.

Motor:
2,8 Liter, Typ 4, 170 PS (125 kW),
5-Gang Porsche-Getriebe, 220 km/h

Aus zeitlichen Gründen konnte das Mosaik nicht fertiggestellt werden

„Blauer Renner": einer der Besten beim Käfersprint in Le Mans / Frankreich 1993

60er VW-Käfer 1200 im „Radi-Cal-Look"

Dieser blaue VW-Käfer, ausgerüstet mit einem Doppelvergaser-Motor, hat schon manchen Konkurrenten das Fürchten gelehrt!

Technische Daten:
Vierzylinder-Boxermotor, luftgekühlt
Bohrung: 94 mm, Hub: 71 mm
Hubraum: 1599 ccm
Leistung: 136 PS (100 kW) bei 5400 U/min
Höchstgeschwindigkeit: 186 km/h

Auch im Motorsport hat der VW-Käfer seit langem seinen Platz gefunden

Günther Jauch mit seinem gleichaltrigen VW-Käfer, für beide gilt das Baujahr 1956

1956 wurde der VW-Käfer serienmässig noch mit Winkern ausgeliefert. Dieses Schmuckstück erhielt nachträglich Blinker, die vorn und hinten oberhalb der Stoßstangen angebracht wurden.

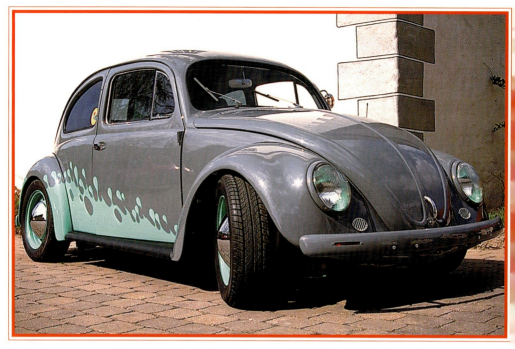

Wasserspritzer, eine extravagante Farbkombination

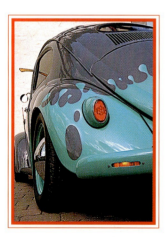

Ovali-Käfer mit Wasser-Boxer-Motor, dafür hat er aber immer noch seinen alten Winker.
Ausserdem hat er noch vorne und hinten seine Blinker in den Stoßstangen integriert.
Nicht nur von aussen ist der VW-Käfer ein gelungener Blickfang, auch die Innenverkleidung nebst Sitzen, Armaturen und Lenkrad wurden geschmackvoll hergerichtet.

Rennkäfer mit Überrollbügel und wassergekühltem Bus-Motor 112 PS (83 kW)

Vorbildlich von aussen und innen hergerichtet ist diese rote Gefahr mit leistungsstarkem Triebwerk.
Das sportlich hergerichtete Cockpit nebst Lederlenkrad, Überrollbügel und Sportsitzen lassen auf heissen Einsatz im Motorsport schliessen!

Wer an diesem Wagen jedoch Chrom sucht, der sucht vergebens. Lediglich an den Rädern findet man poliertes Aluminium.

Wie eine graue Maus, aber schnell wie eine Katze

Alles Pink.... oder was?

Man könnte ihn sicher auch „Pink Panther" nennen diesen bis auf wenige Details in pink lackierten Käfer. Selbst die Räder und die Motor-Verblechung haben von diesem Farbton genügend abbekommen.

Nur wenige Details im Cockpit und im Motorraum sowie die vielen PS des grossvolumigen Doppelvergasermotors wurden von diesem Farbton verschont.

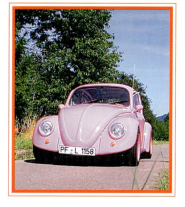

Jacky Morell, Chefredakteur der Zeitschrift „Super-VW", beim Käfer-Treffen in Le Mans

Gelb, stark und etwas ausgefallen

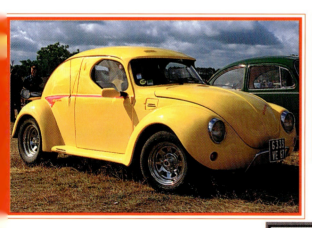

Nicht nur optisch auch mit seinen Fahrleistungen erregt er die Gemüter.

Ob dieser Umbau gefällt oder nicht sei dahingestellt. Sicher ist, daß dieser, einer Zitrone gleichende Bomber, mit seinem Schlafzimmereffekt und seinem vorgebauten Sonnenschirm, das Aufsehen der Zuschauer erregt. Die wuchtige Motorhaube mit integriertem Heckspoiler läßt ihn von hinten fast wie einen Porsche Carrera aussehen.

Technische Daten:
Vierzylinder-Boxermotor, luftgekühlt
Bohrung: 103 mm, Hub: 71 mm
Hubraum: 2,4 Liter
Leistung: 185 PS (135 kW) bei 6200 U/min
Höchstgeschwindigkeit: 218 km/h

Die gelbe Gefahr mit turbogeladenem Käfer-Motor 2,4 Liter, 185 PS bei 6400 U/min

Pink Panther! Der gelbe Fleck ist sein Markenzeichen

Etwas betagt mit Stossfängern auf den Stoßstangen. Dennoch schön und kerngesund.

Mit seinem tiefergelegten Sportfahrwerk, den Alurädern und seinem 130 PS Triebwerk ist er noch ganz solide und sicher auch schnell unterwegs.

Technische Daten:
Abgasturbolader-Motor mit Doppelvergaser
Vierzylinder-Boxermotor, luftgekühlt
Bohrung: 92 mm, Hub: 82 mm
Hubraum: 2180 ccm
Leistung: 180 PS (132 kW) bei 6150 U/min
Höchstgeschwindigkeit: 218 km/h

Technische Daten:
Vierzylinder-Boxermotor, luftgekühlt
Bohrung: 92 mm, Hub: 82 mm
Hubraum: 2180 ccm
Leistung: 130 PS (95 kW) bei 5400 U/min
Höchstgeschwindigkeit: 187 km/h

Ein geschmackvoll hergerichtetes Liebhaberstück

Obwohl zahllose Arbeitsstunden in diesem Fahrzeug stecken, gibt sich dieser Käfer von außen eher zurückhaltend, doch der 2,0 Liter Motor bringt es mit seinen126 PS auf den Punkt.

Technische Daten:
Vierzylinder-Boxermotor, luftgekühlt
Bohrung: 88 mm, Hub: 74 mm
Hubraum: 1800 ccm
Leistung: 122 PS (89 kW) bei 4650 U/min
Höchstgeschwindigkeit: 168 km/h

Grün wie die Heide, in allen Details ein Hoffmann Top-Chop

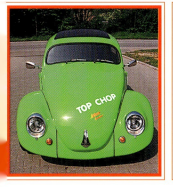

Technische Daten:
Vierzylinder-Boxermotor, luftgekühlt
Bohrung: 90 mm, Hub: 74 mm
Hubraum: 1881 ccm
Leistung: 126 PS (92 kW) bei 4500 U/min
Höchstgeschwindigkeit: 176 km/h

Gelb, silber, 2,7 Liter und 225 PS, so sieht ein Käfer aus, der nur Bestzeiten fährt

Technische Daten
Vierzylinder-Boxermotor
luftgekühlt
Bohrung: 103 mm
Hub: 80 mm
Hubraum: 2700 ccm
Leistung: 225 PS (147 kW)
bei 6400 U/min
Höchstgeschwindigkeit:
230 km/h

Dieser Dragsterkäfer lässt nichts Gutes ahnen. Der aerodynamische Heckspoiler sorgt bei seinen Sprints für den benötigten Anpressdruck; die gross dimensionierten Bremsen für eine gute Verzögerung.

„Blue Innovation" ein VW-Käfer mit getuntem Golf Triebwerk

Es war nicht so einfach dieses typenfremde Triebwerk hier unterzubringen. Mittels einer Adapterplatte, einer speziell angefertigten Kupplung so wie einer geschickt angebrachten Motoraufhängung und nicht zuletzt einer speziellen Auspuffanlage gelang es dennoch, den Segen des TÜV für den Strassenbetrieb zu bekommen.
Um alle nötigen Funktionen im Auge zu behalten, wurde auch das Cockpit entsprechend hergerichtet.

Schwarzer VW-Käfer mit Typ 4 Motor

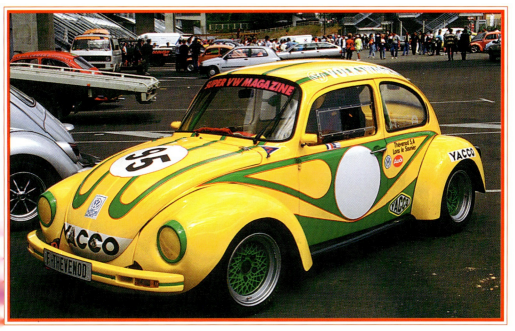

Mit der Startnummer 95 auf und davon

Die gelbe Gefahr! Beim Beschleunigungsrennen zeigte er der Konkurrenz was eine Harke ist.

Technische Daten
Vierzylinder-Boxermotor, luftgekühlt
Bohrung: 103 mm, Hub: 71 mm
Hubraum: 2400 ccm
Leistung: 180 PS (132 kW) bei 6100 U/min
Höchstgeschwindigkeit: 214 km/h

Ex Sunny-Bug mit Typ 4 Doppelvergaser-Motor

Blick in den Motorraum mit seinem Doppelvergaser-Typ 4 Motor und stehendem Kühlgebläse

Die Spezial-Luftschlitze in der Motorhaube zur besseren Belüftung des Motorraums, dürften noch von einem Renault 4CV älteren Baujahrs stammen. Ein entsprechendes Fahrwerk nebst Rädern und Bremsen waren erforderlich, um die Leistung des PS-starken Doppelvergaser-Typ 4 Motors auf die Strasse zu bringen.

Der optische Eindruck sowie die Innenausstattung lassen keine Wünsche offen

Ein Käfer aus Österreich.
Optisch und technisch ist dieser tiefergelegte VW-Käfer mit seinen superbreiten Chromrädern auf höchstem Niveau.

Obwohl seine Motorleistung nicht die allerstärkste ist, bringt er mit seinem Sportfahrwerk optimale Fahrwerte auf die Strasse.

Der „Gelb-Schwarze Renner" von 1973

VW Sport-Käfer von 1973,
„Gelb-Schwarzer-Renner" genannt.
Vordere und hintere Haube mattschwarz lackiert.
Serienmäßig waren Sportfelgen, Sportsitze und Lederlenkrad.
Hier noch zusätzlich mit Doppelvergaser-Motor und Sport-Auspuffanlage von Riechert.

Heißer Typ 1 -VW-Käfer auf Oldie getrimmt

War er einst ein solider und eher gutmütiger Käfer, so ist er jetzt ein gefürchteter Renner mit Doppelvergaser-Motor und Sport-Auspuffanlage, Sportfelgen, Sportsitzen und Lederlenkrad.

Oft zeigt er dem normalen Autofahrer nur noch seine Rücklichter.

Teilnehmer beim Jubiläumstreffen 50 Jahre AMAG in der Schweiz

Käfer 1302, Baujahr 1971, mit auf Luftkühlung umgestricktem 2,4 Liter-Motor

Technische Daten:
Vierzylinder-Boxermotor, luftgekühlt
Bohrung: 97 mm, Hub: 82 mm
Hubraum: 2400 ccm
Leistung: 195 PS (143 kW) bei 6250 U/min
Höchstgeschwindigkeit: 218 km/h

Käfer mit kurzem Vorderwagen, Automatik-Fahrgestell und Golf GTI-Motor

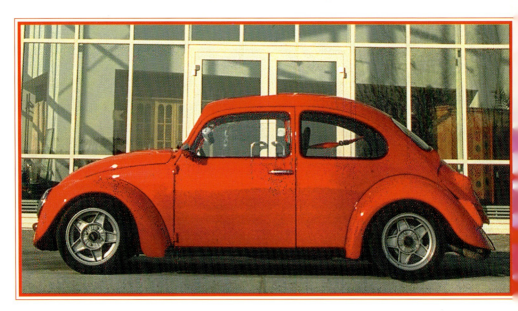

VW-Sparkäfer auf Automatikbasis
mit vier Scheibenbremsen und Alu-Rädern

Motor:
Kummetat 2,4 Liter Typ 4- Motor, 160 PS (117 kW)
mit stehendem Gebläse.

Ovali-Käfer im Cal-Look

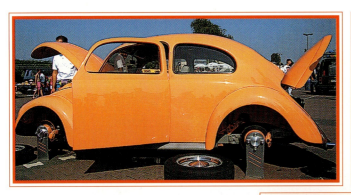

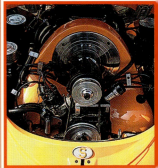

Cal-Look-Ovalikäfer mit unzähligen Besonderheiten.

Beispielsweise gehen hier die Türen einmal in der falschen Richtung auf, was das Einsteigen der Passagiere sicherlich erleichtert!

VW 1303 mit GTI Motor. Der Motor wurde mit Doppelvergasern ausgestattet

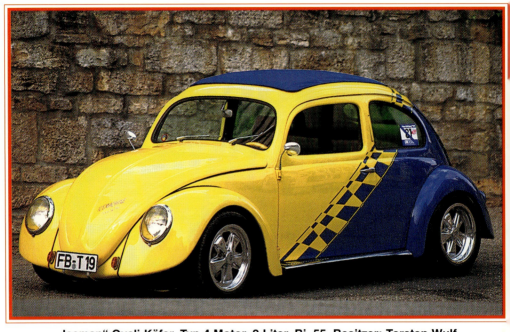

„Iceman" Ovali-Käfer, Typ 4 Motor, 2 Liter, Bj. 55. Besitzer: Torsten Wulf

Der letzte Mexikaner? Mit heißem Motor, breiten Rädern und Ölkühler

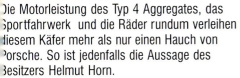

Die Motorleistung des Typ 4 Aggregates, das Sportfahrwerk und die Räder rundum verleihen diesem Käfer mehr als nur einen Hauch von Porsche. So ist jedenfalls die Aussage des Besitzers Helmut Horn.

Dynamisch wie aus dem Windkanal sind die vorderen und hinteren Kotflügel. Auch der Spoiler ist an die Karosserie angepasst. Der Innenraum mit seinem Interieur ist farblich auf das Äussere abgestimmt.

Technische Daten:
Vierzylinder-Boxermotor, luftgekühlt
Bohrung: 101 mm, Hub: 88 mm
Hubraum: 2,82 Liter
Leistung: ca. 400 PS bei 7500 U/min
Höchstgeschwind.: nach 400 m 206 km/h

Leistung hat er genug, dieser Turbogeladene 81er Renn-Käfer von Gerd Tafel. Doch nur beim Dragracing kann man die geballte Kraft über die Centerline-Räder auf die Fahrbahn bringen.

Hier einmal ein Blick unter die Haube des Leichtbau-Käfers für extremen Renneinsatz!

Der alte Traum?
Porsche-Motor im Käfer -
aber ein richtiger!

6 Zylinder bringen hier die Leistung.
Er ist ziemlich schwer und somit hecklastig.
Das Handling ist nicht so ganz einfach.

Rein äusserlich ein absolut normaler VW-Käfer, doch schon an seinem Auspuffendrohr erkennt der Fachmann, dass er nicht zu unterschätzen ist.

Beim Sprint belegte er denn auch den zweiten Platz in seiner Klasse.

Zinngrauer Jubiläumskäfer, Automatik-Fahrgestell, Bj. 68, Typ 4 Motor, AZEV-Räder

Tiefliegendes Fahrwerk, Speziallackierung, heisser Motor: eine ideale Zusammenstellung

Das moderne Knusperhäuschen mit eigener Toiletteneinrichtung

Es grünt so grün wenn......

Auch in diesem Jahr lockte es Hunderte von Boxer-Piloten aus dem In- und Ausland zu den Käfertreffen. Immer mehr dezent hergerichtete Fahrzeuge mit starken Motoren, tiefergelegten Fahrwerken und aufwendigen Lackierungen sind hier zu bestaunen.

links:
Er ist schon eine Besonderheit, dieser Käfer aus dem Märchenland und wurde von allen bestaunt.

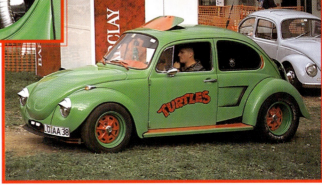

Schweizer Käfer in Post-Spezifikation und orgineller Farbzusammenstellung

Das Stoll-Coupé und ein Silver Bug mit Picknickkorb

6x Pole Position

Jeden Monat aktuell im Zeitschriftenhandel oder Abonnement erhältlich.

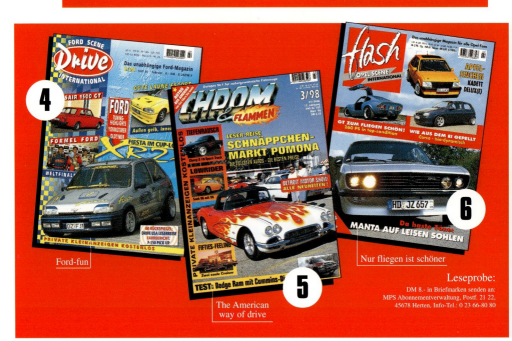

Leseprobe:
DM 8.- in Briefmarken senden an:
MPS Abonnementverwaltung, Postf. 21 22,
45678 Herten, Info-Tel.: 0 23 66-80 80

Custom Käfer auf 68er Automatik-Fahrgestell, Aufbau Baujahr 77, gechoppt, geneigte B-Säule, Custom-Front von Käferland, Scheinwerfer ohne Lampenringe, Wolfrace-Räder 7 und 8,5 Zoll, Lasureffektlack, Custom Innenausstattung, Typ 4 Motor 2,0 Liter, 100 PS
Besitzerin:
Edeltraut Lindecke

elbst Käfer mit mehr als 30 Jahren
uf dem Buckel können noch so attraktiv
ussehen.
rundlage ist das solide Fahrgestell und
irkliches Können beim Umbau.

as Ergebnis hier ist wirklich sehenswert!

Der Scallop-1303-Käfer

Baujahr 1972
in violettmetallic, mit
Kerscher Fahrwerk und
Koni-Stossdämpfern

ATS-Räder
vorn: 7 Zoll
mit Reifen 195/50
hinten: 9 Zoll
mit Reifen 225/50

Besitzer:
Walter Mooslechner
Österreich

Die weisse Unschuld vom Lande, aber.......

Blauer Renner aus dem Schwarzwald.
Eine gelungene Kreation mit leistungsstarkem
Typ 4-Motor und exakt abgestimmtem Sport-
Fahrwerk vom Käfertuner Remmele

Auf gehts mit Reißverschluß und Geige zum Käfertreffen

Das ist er, der Käfer mit dem mühsam angelegten und frisch gemähten Sport-Rasen

TDE-Sport-Käfer für den Slalomeinsatz mit Kamei-Spoiler und Ansen Alu-Rädern

TDE-Decker-Käfer 1303 LS mit Sportfahrwerk und 1,8 Liter Motor

rechts:
TDE Käfer
Amerika-Ausführung!
Im California Streifen-Look, mit verbreiterten Kotflügeln, Ansen Alu-Rädern, Sportfahrwerk und Frontölkühler

Technische Daten
Vierzylinder-Boxermotor
luftgekühlt
Bohrung: 92 mm
Hub: 74 mm
Hubraum: 1968 ccm
2 x Weber
Doppelvergaser 40 IDF
Leistung: 105 PS
(77 kW) bei 4650 U/min
Höchstgeschwindigkeit: 168 km/h

Split 68 „getürkter" Brezel-Käfer, Baujahr 1968

Split 68 „getürkter" Brezel, Bj. 68 ,1300 ccm, 44 PS, Aluminium-Scheibenrädern, mit GFK-Brezelfenster und selbstgefertigten Lufteinlässen, Pendelachs-Fahrgestell mit roten Konis.

Zwei heisse Geschosse, aus der Kerscher-Serie „Schnelle Käfer"

Faltdachkäfer, Baujahr 56, Metalflake-Lackierung, polierte Fuchs-Räder 6 und 7 Zoll

Außerdem noch Kerscher-Scheibenbremsanlage, vorne innenbelüftet.
2-Liter Typ 4 Motor mit Porsche Gebläse. Sonnenland-Faltdach

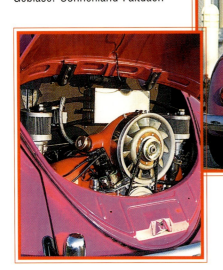

Rechts:
1303 Top-Chop, Custom-Heckdeckel, breite Flügel, original Oldie-Faltdach eingeschweißt, die vordere Haube geht auf wie bei BMW, Räder von ATS 7 u. 9 Zoll
Besitzer: Michael Strasser aus Piding.

1303 Top-Chop mit Custom-Heckdeckel, breiten Kotflügeln und Doppelrückleuchten

Der Super-Käfer, alles elektronisch

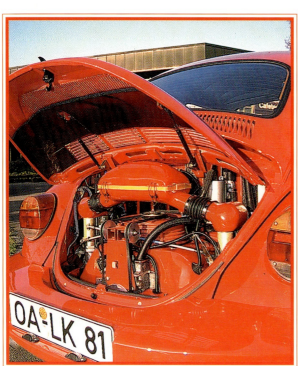

Hier ein wenig Technik im Detail:
Hersteller: VW
Typ: 11, 1302
Erstzulassung: 05.10.1970
Fahrgestellnummer: 1112167840

Zündung:
elektronisch, ruhende Hochspannungsverteilung

Steuergerät:
kennfeldgesteuerte, vollelektronische Zündung und Einspritzung mit Lambda- und Leerlauffüllungsregelung über 2x2-Funken-Zündspule

Abgasanlage:
4-in1-Auspuffkrümmer mit je 1 Vor- und Nachschalldämpfer, 1 Endrohr.

So muß ein Käfer sein!

Komplett ausgestattet, mit attraktiven Extras, hochwertiger Technik und anspruchsvollem Design.

Das Reserverad (Notrad) wurde seitlich im Kofferraum angeordnet

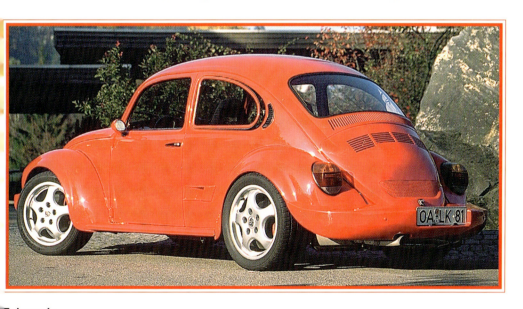

Fahrwerk:
Stabilisator vorn und hinten von Kerscher
70 mm tiefergelegt, Schraubenfedern vorn, Drehstabverstellung hinten.
4 innenbelüftete Scheibenbremsen original Porsche 944. Distanzscheiben vorn und hinten.
GFK Kotflügel 4 cm breiter.
5 Gang Getriebe aus Porsche 914
Webasto-Benzin-Luftheizung
Lenkrad Hella 360 mm.

Technische Motor Daten:
Vierzylinder-Boxermotor, luftgekühlt
Bohrung: 103 mm, Hub: 82 mm
Hubraum: 2733 ccm Typ 4 Basis
Elektromagnetische Einspritzventile
Leistung: 215 PS (158 kW) bei 6250 U/min

„The Outlaw", Flügeltüren Käfer á la Mercedes 300 SL

Im Dezember 1986 erstmals vorgestellt: Erster Top-Chop Flügeltüren-Käfer Deutschlands mit 1302-Vorderwagen und Oldie-Karosse.

ATS-Räder in 8 und 9,5 Zoll Breite. Distanzscheiben 8 cm zur Spurverbreiterung.

Links:
Walt Disney Production
Österreichische Custom-Creation mit in das Heckblech geschnittenen Mickey-Mäusen und Air-Brush Donald Duck von Gabriela Berndl.
Besitzer: Peter Muschawek

Das Dach ist um 8 cm gechoppt, die B-Säule ist oben um 17 cm nach vorn geneigt.

Motor: Typ 4, 2 Liter mit 40er Weber-Vergasern
Leistung: 136 PS (100 kW) bei 5500 U/min
Höchstgeschwindigkeit: 192 km/h

Das feuerrote Spielmobil, GFK-Kotflügel/ Frontspoilereinheit und Doppelscheinwerfer

Hier eine Fälschung:
Baujahr 69, 1550er Automatik, umgebaut als Ovali, verstellbare Vorderachse, rote Koni, Kerscher-Bremsanlage, Typ 1 Motor mit 44er Weber-Doppelvergasern, 98 PS, ferrarirot, von Volker Petz

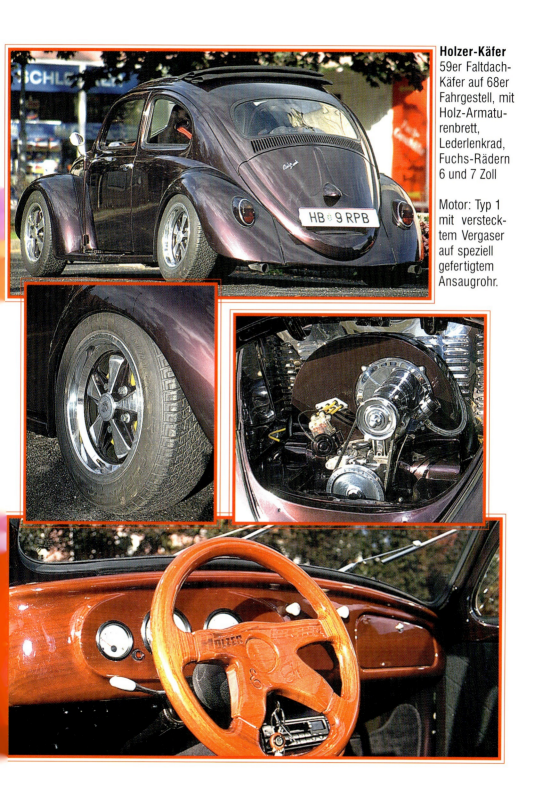

Holzer-Käfer
59er Faltdach-Käfer auf 68er Fahrgestell, mit Holz-Armaturenbrett, Lederlenkrad, Fuchs-Rädern 6 und 7 Zoll

Motor: Typ 1 mit verstecktem Vergaser auf speziell gefertigtem Ansaugrohr.

Der Offenburger Käferschreck. Breit, stark und schnell

Dieser Ovali-Käfer mit seiner Speziallackierung hat es in sich.

Der leistungsstarke Motor sorgt für eine optimale Beschleunigung, während ein tiefliegendes Fahrwerk mit breiten Alu-Rädern und Niederquerschnittsreifen für die optimale Strassenlage Verantwortung übernimmt.

Dannert Top-Chop Filmauto aus der RTL-Serie „ . . . . und tschüss"

Der schwarze Teufel. Ein Top-Chop Käfer mit überdimensionalem Heckspoiler

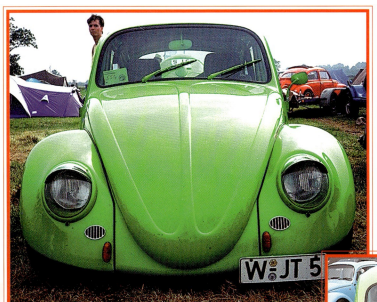

Nicht nur äusserlich sondern auch hinter den Kulissen wurde sauber gearbeitet.

Reichlich PS treiben diesen, als Laubfrosch getarnten VW-Käfer nach vorn. Und wenn er richtig loslegt, haben alle anderen Pause und somit genügend Zeit, sein Heck einmal von hinten zu betrachten.

Farbenfrohe Käfer sind auf allen Treffen zu finden

Haben die zwei auch wirklich so viel PS unter der Haube wie es aussieht? Mit den breiten Rädern, Kotflügeln und dem Spoiler

rechts:
Eine gelungene Kreation! Nicht nur die dynamische Bemalung, die breiten Kotflügel und die Räder, sondern auch das auf die hohe Motorleistung exakt abgestimmte Fahrwerk tragen dazu bei, daß es sich hier um einen Blickfang handelt.

Technische Daten:
Vierzylinder-Boxermotor, luftgekühlt
Bohrung: 92 mm, Hub: 74 mm
Hubraum: 1968 ccm
Leistung: 135 PS (99 kW) bei 5100 U/min
Höchstgeschwindigkeit: 205 km/h

"Black Devil" Ein schwarzer Teufel.
Ob er allerdings auch so schnell ist wie sein Spoiler aussieht, das ist hier die Frage

Unter der Haube des Kasiak-Käfers geht es heiss her, warum sonst die Entlüftungslöcher?

Er muss aus der grünen Hölle kommen, denn da geht´s immer heiss her

Werner Goetschli aus der Schweiz

Werner Goetschli neben seinem dezent bemalten Rennkäfer und seiner Pokalsammlung.

Hohe Motorleistung, ein gut abgestimmtes Fahrwerk, breite Räder zu breiten Kotflügeln.

VW 1600 I (Gebaut in Mexico 1993)
Erstzulassung 03.07.1996

Ausführung ab Werk: 1584 ccm, 46 PS, grünmetallic, geregelter 3-Wege-Katalisator

Aktueller Zustand: Originalmotor mit nachgerüst. Turbolader, 90 PS (66 kW)

Getriebe: VW, 4 Gänge, lange Gesamtübersetzung, Pendelachse

Höchstgeschwindigkeit: 168 km/h

Bremsanlage:
Kerscher-Scheibenbremse vorn, innenbelüftet, Trommel hinten, Porsche-Lochkreis (5 x 130)

Fahrwerk: Tieferlegung vorn durch spezielle Achsschenkel, hinten durch Verstellen der Federstäbe
Räder vorn: „Turbo", 7,5 x 17
Reifen vorn: 205/40/17
Räder hinten: „Turbo", 9 x 17
Reifen hinten: 215/45/17
Karosserie und Fahrgestell originalbelassen. Alle technischen Änderungen sind vom TÜV abgenommen.
4.000 km Gesamtlaufleistung
Das Fahrzeug befindet sich noch im Erstbesitz von Helmut Horn

**Basisfahrzeug:
VW 1302,
Erstzulassung:
Januar 1971**

Das Fahrzeug
befindet sich im
Besitz von
Rainer Solecki

**Technische Daten:
VW 1303**
Motor: A. Knuf, Typ 4
Hubraum: 2,0 Liter
Leistung: 138 PS (102 kW),
mit Riechert-Axialgebläse
Auspuffanlage: Aus dem Rennsport

Getriebe: 1302 mit längerem 1. und 4. Gang
Federung / Stossdämpfer: M&S-Pro-Shock-Fahrwerk
Räder: AZEV, 9 x 16 ET 15
Reifen: Dunlop SP 2000, 215/40/16
Bremsen: Kerscher, vier Scheiben gelocht und geschlitzt, vorn innenbelüftet
Hauptbremszylinder: Porsche 944

Karosserie und Fahrgestell 100% original-belassen. Alle technischen Änderungen sind vom TÜV abgenommen.
Gesamtlaufleistung: ca. 80.000 km
Das Fahrzeug befindet sich seit 1985 im Zweitbesitz von Helmut Horn

VW 1303 Erstzulassung: 18.01.1973
Ausführung ab Werk: 1276 ccm, 44 PS (33 kW)

Aktueller Zustand:
Motor: Kummetat-Typ-4, 2611 ccm, 185 PS (136 kW)
Getriebe: VW, 4 Gänge, lange Gesamtübersetzung, 1. u. 4. Gang gerade verzahnt, Alu-Drehmomentabstützung
Höchstgeschwindigkeit: 210 km/h

Bremsanlage:
Kerscher, 4 Scheiben im Porsche-Lochkreis (5 x 130) gelocht, vorn innenbelüftet, Vierkolbenalusättel vorn, Porsche-944-Hauptbremszylinder

Fahrwerk vorn: Federbeine mit gekürzten Standrohren, Koni gelb von aussen in der Härte verstellbar, grüne Kerscher-Federn
Fahrwerk hinten: Drehstäbe von VW Typ 3 Variant bzw. Porsche 924, Koni gelb
Räder: Kerscher RS, dreiteilig, 7 x 17 ET 35
Reifen: 205/40/17
Sitze vorn: Porsche 944

Motor: A.Knuf, Typ I, 2275 ccm
ca. 184 PS (135 kW) Bohrung / Hub, 94 / 82 mm
Nockenwelle: Schleicher 330 Grad
Ventile: E./ A. 45 / 38 mm

Vergaser: Weber 48 IDF
Höchstgeschwindigkeit: 220 km/h
Das Fahrzeug befindet sich
im Besitz von Thomas Zellner

Grauer 66er
Motor: Typ 1, Hubraum, 2073 ccm
Bohrung x Hub 92 x 78 mm, Köpfe 044 42 x 37,5, Nockenwelle Schleicher 324 Grad,
Vergaser Weber 44 IDF, Verdichtung: 10,5 : 1, Zündung Mallory / Bosch, Leistung 160 PS,
Getriebe: Serie 1200er, verstärkt mit Gene Berg Getriebeabstützung, Abgasanlage Merged-Hedder mit Hide-Out-Muffler oder Stinger.
Karosserie: 1200er, Bj. 1966, Farbe L595 Fontanagrau, rostfrei, neu lackiert und gewichtsreduziert, rote Innenausstattung mit Cobra-356-Style, Sitze ohne Rückbank.
Es wurde auf jegliche Geräuschdämmung verzichtet.
Extras: Talbot-Berlin-Außenspiegel, Petri-3-Speichen-Lenkrad weiß, 66er Tacho mit Tageskilometerzähler, Wiechers Überrollbügel Alu poliert, Empi Glove-Box- und Door-Pulls, Gene-Berg-Schalthebel, 66er Cabriohaube hinten.
Fahrwerk / Räder: Verstellbare Vorderachse mit Spax-Dämpfern, Custom-Speed-Parts Scheibenbremsanlage 205 mm Lochkreis, 19 mm Frontstabi, Sway-A-Way Vorderachsabstützung, Hinterachsstabilisator und Sway-A-Way Drehstablager, Spax-Dämpfer.
Besitzer: Walter Jelinek
Das Auto wurde im Juni 1998 in Wien für 1.000 DM gekauft. Restaurationzeit 7 Wochen.
Materialwert mit Motor ohne Arbeit ca. 27.000 DM

Sondermodell: Samtrot, Bj 1985 Komplettrestauration nach Motorbrand. Karosserie und Ausstattung weitestgehend im Originalzustand.
Extras: Blaue Türverkleidung und blauer Teppich vor TM, Serientacho bis 200 km/h, Empi Schalthebel, 1303 Motorhaube mit Schlitzen, schwarze Blinker / schwarzrote Rücklichter.
Motor: Bohrung x Hub 90,5 x 69, Hubr. 1776 ccm, Leistung 85 PS, Nockenwelle Schleicher 316 Grad, Köpfe Serie, Ventile E/A 40 x 35,5 mm, Vergaser Weber 40 IDF, Auspuffanlage BAS mit High-Performance Wärmetauscher, Full-Flow Ölkühlerkreislauf, Verdichtungs: 8,5 :1, Zündung Bosch TSZ-H
Getriebe: Custom & Speed Parts 3,88 Gesamtübersetzung 0,89 4. Gang, Vmax ca. 175 km/h,
Fahrwerk / Räder: verstellbare Vorderachse mit Typ 3 Scheibenbremse, Dämpfer Koni rot kurz, Sturzexzenter mit größerem Verstellbereich, Hinterachse Zahn außen tiefer / Pendelachse, Dämpfer Koni gelb Bremse hinten Serie mit 944 Radbremszylinder 19,05 mm, Räder vorn Mangels 5,5 x 15 ET 25 mit 195/50 VR 15, hinten Mangels 7 x 15 ET 16 mit 205/50 VR 15
Besitzerin: Peggy Naumann,
Kaufpreis 1987 500 DM,
Materialwert mit Motor ohne Arbeit ca. 35.000 DM

Technische Daten:
Käfer schwarz, VW Käfer 1302,
Baujahr: 1971
Motor: Typ 4, 2.000 ccm, ca. 140 PS (103 kW)
40er Weber Doppel-Vergaser,
bearbeitete Zylinderköpfe
Besitzer:
Daniel Lehmann und Michael Lehmann

Technische Daten:
Käfer pinkfarben, VW „Ovali Käfer",
Baujahr: 1956
Motor: Typ 4, 2.000 ccm, ca. 170 PS (125 kW)
44er Weber Doppel-Vergaser,
bearbeitete Zylinderköpfe,
Kurbelwelle mit Gegengewichten,
VW-Getriebe / Pendelachse, „Fuchs" Räder,
Bereifung vorn 165 x 15, hinten 195 x 15

„Race-Käfer" (Power ohne Ende) mit und ohne Strassenzulassung

Das alljährliche Treffen in Chateaux d´Oex (Schweiz)

Von überall her aus der Schweiz, Frankreich
Österreich und Deutschland kommen die
Käfer-Fans hierher nach Chateaux d´Oex um
ein unvergeßliches Wochenende zu erleben.

Von uralt bis aufgemotzt, von „Bugatti" über „MG", „Lang-Bus", Porsche und vieles andere. ist alles vertreten.

Puls: normal – Blutdruck: normal
EKG: normal – Adrenalin: normal
Cholesterin: normal...

Wir finden, daß
Ihr Leben eine
kleine Aufmunterung
vertragen kann!

Besuchen Sie uns doch
einmal in Wetter oder im
Internet www.tafel.com

TAFEL & Co Wetter	TAFEL-Shop Dresden	TAFEL-Shop California	Vertriebsregion Nord
Auf der Bleiche 6	c/o André Rudoba	c/o Ralf Sudorf	Bug Vision c/o M. Bartsch
58300 Wetter	Radeburger Straße 211	1658 Foothill Drive	Am Felde 6a·21449 Radbruch
Tel. 02335-978750	01109 Dresden	Vista CA-92084 · USA	Tel. 04178-8600
Fax 02335-9787522	Tel. 0351-8806111	Fax 001 760-5990242	Fax 04178-8555

Täglicher Versand per Nachnahme·Katalog mit Infos gegen DM 10,- Vorkasse (Ausland DM 20,-)

Käfershop
M. Lehmann

- Neu- & Gebrauchtwagen - An- und Verkauf
- Neuwagen ab DM 328,00 monatlich +Inzahlungnahme Ihres "Alten"
- 12 Monate Garantie auf Neuteile
- Ersatzteile: neu & gebraucht
- Alle Ersatzteile für neue Mexico-Käfer
- Kat für alle VW & Oldtimer ab DM 920,00
- Reparaturen & Restaurierungen von Käfer, Karmann, Bus, Typ 3 und Porsche-Oldtimer
- Tuning & Sondereintragungen aller Art
- TÜV mit Voruntersuchung im Haus DM 96,00

10589 Berlin, Goslarer Ufer 41-47,
Tel.: 030 / 8929107, Fax: 030 / 8911372

Für Ihre Ersatzteilbestellung:
Wir akzeptieren auch Eurocard, American Express, VISA und Diners Card.

Wir freuen uns auf Ihre Bestellung.

Ihr Käfer-Spezialist!

Das Käfer-Cabrio von Karmann

Die Geschichte des offenen Käfers, also der Cabriolet-Ausführung des Typ 1, ist hundertfach beschrieben worden.

Wilhelm Karmann sen. kaufte sich 1948 einen Volkswagen, den er in seinem eigenen Betrieb zu einem viersitzigen Cabriolet umbaute und umgehend der Geschäftsleitung in Wolfsburg präsentierte.

Der offene Käfer gefiel auf Anhieb. Am 3. Juni 1949 begann in Osnabrück die Serienfertigung. Nach einer kleinen Vorserie wurden gleich 1.000 Stück geordert. Für die damalige Zeit eine nahezu unglaubliche Zahl.

Von 1949 bis 1953 war er nur mit dem 1100er Boxermotor zu haben, der 25 PS leistete. 800 kg wog der offene Käfer damals. Aus dem Stand beschleunigte der Wagen in sagenhaften 50 Sekunden auf Tempo 100. Die Spitzengeschwindigkeit lag bei 105 km/h.

40 Liter Benzin faßte der Kraftstofftank unter der vorderen Haube.

Zu Beginn seiner überwältigenden Karriere kostete das Volkswagen-Cabriolet 7.500 DM. Jahre später war es, trotz höherer Motorleistung, für knapp 6.000 DM zu haben. Jahr für Jahr flossen ungezählte Verbesserungen in die Limousine und das Cabrio ein.

1954 bekam der Käfer einen 1200er Motor, der nun 30 PS leistete. Beim Cabrio wurde zur gleichen Zeit die Nitro-Lackierung durch eine Kunstharz-Lackierung abgelöst. So ging es Jahr um Jahr weiter. Die Nachfrage stieg und stieg. Genau 331 847 Käfer-Cabrios wurden zwischen Frühjahr 1949 und Januar 1980 in Osnabrück produziert. Heute, fast zwei Jahrzehnte nach Produktionsende, sieht man immer noch überall die schönsten Käfer-Cabrios von Karmann durch den Sommer fahren.

Eines der ersten von der Firma Karmann in Osnabrück gebauten VW-Cabrios

Der „Tapir"
Ein ausgefallenes Käfer-Cabrio
Besitzer: Gerd Heidrich, Köln

Die Karosserieteile sind von Dannert,
die Fahrwerksteile sowie der
Typ 4-Motor von der Firma Gerd Tafel.

Die ausgefallenen Felgen kommen aus
England.

Technische Daten:
Vierzylinder-Boxermotor, luftgekühlt, Typ 4
Bohrung: 103 mm, Hub: 74 mm
Hubraum: 2500 ccm
Leistung: 196 PS (144 kW) bei 5400 U/min
Höchstgeschwindigkeit: 194 km/h

Traumhaft schönes Cabrio. Alles ist farblich aufeinander abgestimmt.

Die Innenausstattung harmoniert mit der Farbe der Felgen.

Selbst die Technik ist eine Augenweide.

Der kräftige und kernig klingende 1,8 Liter Motor macht ihm ordentlich Beine.

Technische Daten:
Vierzylinder-Boxermotor, luftgekühlt
Bohrung: 88 mm, Hub: 74 mm
Hubraum: 1800 ccm
Leistung: 115 PS (84,5 kW) bei 4600/min
Höchstgeschwindigkeit: 168 km/h

Um mit Kind und Kegel zu verreisen, ist dies das richtige Gespann

Mit seiner gesteigerten Leistung ist er ein echter Wolf im Schafspelz

Etwas ausgefallen, dieses Käfer-Cabrio á la Ostermann.

Mit seiner Motor-Leistung und seinem Fahrwerk ist er ein echter Renner

Umbau von Limousine auf Cabrio und auch der Motor ist entsprechend getunt

Wenn auch hier an den verschiedensten Stellen deutlich zu erkennen ist, daß es sich um einen Umbau von Limousine auf Cabrio handelt, so ist dieser Eigenbau doch vollendet gelungen und braucht sich vor dem Original nicht zu verstekken.

Technische Daten:
Vierzylinder-Boxermotor, luftgekühlt
Bohrung: 88 mm, Hub: 69 mm
Hubraum: 1678 ccm
Leistung: 95 PS (69 kW) bei 4600 U/min
Höchstgeschwindigkeit: 168 km/h

Wenn auch schon etwas betagt, so ist seine Restauration vom Feinsten.

Auch das Interieuer und das Dreispeichen-Lenkrad passen zum Fahrzeug. Für gute Strassenlage sorgt das umgebaute Fahrwerk mit seinen breiten Rädern.

Sein Oettinger-Motor, eine echte Rarität, sorgt für den nötigen Schub.

Technische Daten:
Vierzylinder-Boxermotor, luftgekühlt
Bohrung: 85,5 mm, Hub: 69 mm
Hubraum: 1584 ccm
Leistung: 85 PS (62 kW) bei 4400 U/min
Höchstgeschwindigkeit: 162 km/h

Käfer-Cabrio im „Speedster Cabrio-Design" von Ostermann

Frontspoiler, breite Seitenschweller, Breitreifen und GFK-Haube gehören zum Alltag

Ein Kraftprotz unter den VW-Cabrios. Mehr Leistung braucht man nicht

Die Mischung macht´s: Oldies und Klassiker treffen sich alljährlich auf den verschiedensten Veranstaltungen im In- und Ausland.

Hier eine kleine Auswahl von VW-Cabrios beim Käfertreffen in Barloo, Holland.

Der elegante Stil der Karosserieänderungen setzt sich auch im Innenraum fort

Ob Armaturentafel, Lenkrad, die Inneneinrichtung oder sein Kraftwerk (Typ 4 Motor mit zwei Doppelvergasern und Porsche Kühlgebläse), alles ist stilvoll aufeinander abgestimmt.

unten rechts:
Käfer-Cabrio mit Frontschürze, Heckspoiler und Sidepipe Auspuff.

Lila Traum-Cabrio. Eine besonders auffallende Erscheinung beim Käfertreffen

Ein echtes Gespann,
diese Käfer-Anhängerpaarung.

Aber damit hier keine Zweifel aufkommen,
von einem Motor angetrieben wird
das separate Käferteil noch nicht.

Top-restauriertes und stark motorisiertes 69er Käfer-Cabriolet

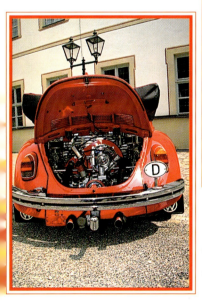

Das Kraftwerk unter der Haube ist so wie der Rest des Wagens, seinen Ansprüchen angepasst.
Aber auch alle anderen Bereiche, die man normalerweise nicht sieht, wurden gründlich aufgearbeitet.

oben: Innere und äussere Abstimmung sowie die Perlmuttlackierung machen ihn zum unbestreitbaren Klassiker der Show!
unten: Man beachte das gepflegte Äussere und vor allem die Trittbretter aus Echtholz

Ob Zweifarblackierung oder dezente Bemalung, beim Käfertreff ist alles vertreten

Ein mit viel Sorgfalt und Liebe zum Detail hergerichtetes Käfer-Cabrio

Nicht nur viel Sorgfalt und Liebe sondern auch designerische Fähigkeit haben dieses 1303 Cabrio zu einem echten Schmuckstück gemacht.

inks:
Darf es bitte noch etwas mehr sein.....
....Nein, danke

Käfer Centrum Köln

**Käfer · VW Bus · Porsche Ersatzteile
Porsche Felgen**

Käfer, VW-Bus & Porsche Handel (auch Unfall- oder Tüvfällig)

**Hubert Averdung
Am Böttcherberg 39 · 51427 Berg.Gladbach
Tel. 02204-69099 · Funk 0172-2778644**

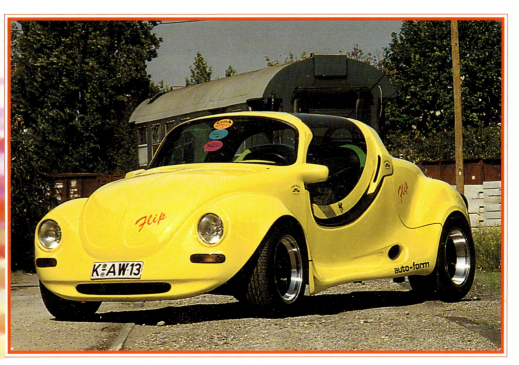

„Flip", recht futuristisch ist dieser Käfer-Umbau von Auto-Form aus Köln

Eleganz, Schönheit und Leistung haben hier zusammengefunden

Gibt´s noch etwas Schöneres als in solch einem Cabrio zur Hochzeit zu fahren?

Eine gelungene Farbkombination, die hier vom einem Designer gewählt wurde

Dieses 1303 Käfer-Cabrio ist nicht nur äusserlich ein Meisterwerk der Vollkommenheit. Auch das Cockpit, die Innenausstattung und selbst der Motor, mit einem zentralen Doppelvergaser, lassen keine Wünsche offen.

Links:
Selbst im heissesten Sommer hat ein echter Schweizer seine Skier dabei. Man weiss ja nie......

Cabrio Umbau mit Doppelscheinwerfern, Wulfrace Felgen und 115 PS Power-Kraftwerk

Mit verbreiterten Kotflügeln und breiten Rädern.
Dieses dezente, elegante Käfer-Cabrio fällt immer auf.
Gelungen ist auch die Gestaltung der Armaturentafel

Volkswagen- Audi Classic Parts Center

Original Ersatzteile für VW und Audi

Wir bieten Ihnen weit über 40 000 Ersatzteilpositionen, die Ihr VAG-Partner nicht mehr liefern kann!

Anfragen unter: Fax: 0 53 61 - 5 40 41 Tel.: 0 53 61 - 5 40 28

Weser-Ems Vertriebsgesellschaft mbH, Volkswagen-Audi Classic Parts Center Roland Hendel c/o Stiftung AutoMuseum Volkswagen Dieselstr 35, 38436 Wolfsburg	Ihr Ansprechpartner luftgekühlte Fahrzeuge Herr Müller Katalog auf Anfrage!

60 Jahre Käfer
Die Kult-CD-ROM zum Kult-Auto

Das Auto, das zur Legende wurde

Erleben Sie seine Geschichte in Bild und Ton, in Film und Text. Studieren Sie die erste Skizze von Prof. Ferdinand Porsche, beobachten Sie den Käfer im Wandel der Zeit bis hin zum letzten aus Mexiko. Lesen, hören und sehen Sie Interessantes, Wissenswertes und Kurioses aus 60 Jahren Käfergeschichte.

Multimedia-Zeitreise
Alle Modelle
Von 1935 bis 1995. Jedes Jahr einzeln abrufbar.

In Reih und Glied
Der Käfer und seine Verwandten. Vom Karmann Ghia bis zum Bus. Vom Kübelwagen bis zum Cabrio.

Zeitgeist der 50er und 60er
Er lauft und lauft und lauft, Käfer-Werbung im Wandel der Zeit. Viele vergriffene Original-Prospekte.

Technik verstehen
Die wichtigsten Änderungen. Von Jahr zu Jahr besser

Was man wissen sollte
Eine Legende lebt. Vom Käfer Cup zur Formel V.
Was hat der Käfer wann gekostet.
Wann wurde der Käfer wo wie oft gebaut?

Kuriositäten
Ein Auto ist nicht nur zum Fahren da.
Über 250 zum Teil seltene Bilder aus dem Archiv des AutoMuseums in Wolfsburg. Ca. 30 Minuten Video. Darunter seltene und bisher unveröffentlichte historische Aufnahmen. Mit Sprechertext und Tonausgabe.

DM 49,95

zu bestellen bei ACB Verlags GmbH
Krokusweg 8
42579 Heiligenhaus
Tel.: 0 20 54 - 37 27
Fax: 0 20 54 - 66 09

Papenburger Käferschmiede

Neu- und Gebrauchtteile von A bis Z

NEU Das Gewindefahrwerk für 1302 + 1303 bis 100 mm mit TÜV ...... DM 1949.-
Weiße und schwarze Blinker
oben oder unten .... Paar DM 49.-
Umrüstsatz-Scheibenbremse
Typ 1 nicht 02/03 .... DM 598.-
Verstellbare Vorderachse
mit Achsabstützung und 2 Stoßdämpfer .... DM 598.-

Federn 02/03 50 mm.........................Prar DM 99.-
Kontaktlose Zündung .... DM 119.-
Achsschenkel 1200er .... Stück DM 99.-
Bremsscheiben Typ 1 und Typ 3 .. Paar DM 98.-
Bremssättel Typ 1 und Typ 3 .... Stück DM 99.-
Demnächst auch 300er Lenkräder für Käfer mit TÜV
Lederlenkrad MOMO Corse 320
mit TÜV und Nabe .... DM 330.-

Radkappenfelge 5 1/2x15ET 25 Stück DM 99.-   Radkappenfelgen 5 1/2x15 5 Loch ...DM 125.-
Radkappenfelgen 5 1/2x15 ET 25 m. Rechtecklöchern .... Stück   DM 99.-
Radkappenfelgen 7x15 ET 16 m. Rechtecklöchern .... Stück   DM 170.-
Radkappenfelgen 5 1/2x15 ET 25 m. Bereifung 195/60/HR15 .... Kpl.-Preis DM 899.-
Radkappenfelgen 5 1/2x15 ET 25 m. Bereif. vo. 195/50/15, hi. 195/60/15 .. Kpl.-Preis DM 990.-
Radkappenfelgen 5 1/2x15 ET 25 mit Bereif. vo. 195/50/15, hi. 205/50/15 . Kpl.-Preis DM 1190.-
Radkappenfelgen 5 1/2x15 mit Bereifung vo. 195/50/15
hi. auf 7x15 m. 205/50/15 .... Kpl.-Preis DM 1390.-
Radkappenfelge 7x15 ET 16 ..... Stück DM 170.-   Radkappenfelgen 7x15 5 Loch..........DM 209.-
(mit TÜV-Gutachten)   (mit TÜV-Gutachten)

Adapterplatten:
mit TÜV für Felgen von BMW, Opel, VW (auf Käfer)................. 4 Stück DM 499.-

Neue Öffnungszeiten: Montag-Freitag 14.30 - 20.00 Uhr, Samstag 9.00-13.00 Uhr
TÜV Sonderabnahmen montags 7.30 Uhr mit Voranmeldung

Am Vosseberg 74a • 26871 Papenburg • Tel 0 49 61-97 40 61 • Fax 0 49 61-97 40 62

NEU NEU NEU NEU NEU NEU NEU NEU NEU NEU
Motoreintragung für VW Käfer 1,8 l, 90 PS mit
G-Kat aus Golf usw. auf Euro 2 Steuersatz 13,20

Hebmüller

Seit 1919 baute die Firma Hebmüller in Wülfrath Sonderkarosserien.
Das erste Hebmüller-Volkswagen-Cabriolet wurde im September 1948 fertig.
Daraufhin wurden von Volkswagen 2.000 Exemplare bestellt.
Die bevorzugten Kombinationen waren rot / schwarz und elfenbein / schwarz.
Der Verkaufspreis betrug 7.500,- DM
Heute sind Hebmüller-Cabrios eine echte Rarität für Sammler!

Hebmüllers langes, abgeschrägtes und (beinahe) unsichtbares Verdeck verstärkt die grundsätzliche Form und den Charakter des Käfers und hätte mit Sicherheit Tausende von Käufern angesprochen, wäre es weiter produziert worden.
Diese 2+2-Cabrios waren schlicht aber elegant. Das Armaturenbrett war luxuriös und trotzdem einfach - das ganze Auto war seiner Zeit weit voraus und genial.

Wegen eines Brandes 1949 in der Produktion konnten allerdings nur 696 Fahrzeuge ausgeliefert werden. Die Zerstörung war so groß, daß die Firma sich nie mehr von dem Unglück erholen konnte.
Leider wurden deshalb keine weiteren Cabrios mehr produziert.

Technische Daten:
Vierzylinder-Boxermotor, luftgekühlt
Bohrung: 75 mm, Hub: 64 mm
Hubraum: 1131 ccm
Leistung: 25 PS (18 kW) bei 3300 U/min
Höchstgeschwindigkeit: 100 km/h

Hebmüller Cabrios sind heute eine echte Rarität für Sammler

Werfen Sie hier einmal einen Blick auf das Heck und das Armaturenbrett des Hebmüllers

Spezial-Karosserien in der frühen Käferzeit.

Eigentlich beginnen Umbau und Verschönerung des Käfers durch renommierte Firmen wie auch durch „Hinterhofkonstrukteure" zeitgleich mit der Produktion nach dem Krieg.

Die Firma Karmann hat dabei eine Sonderposition und darauf soll auch in diesem Buch gesondert eingegangen werden.

Aber es gab ja viel mehr Karosseriebauer, die sich an neue Aufbauten für den Käfer wagten, als wir heute noch wissen. Und diese wunderschönen, handgemachten Aufbauten hinterließen einen bemerkenswerten Eindruck.

Sie waren nicht aus dem heute üblichen Fiberglas gemacht, sondern in kleinen Stückzahlen von Hand gedengelt und aus einem Stück Stahlblech oder Aluminium gebaut. Da das Volkswagenwerk kein Interesse an diesen „Änderungen" hatte, gab es auch so gut wie keine Zusammenarbeit. Die Karosseriebauer mußten jeweils ein ganzes Auto kaufen, die nagelneue Karosserie entfernen um wieder eine vollständig neue, veränderte Karosserie zu montieren. Das war nicht nur zeitaufwendig, es kostete auch immens viel Geld, zumal die abgebauten neuen Karosserien nur auf dem Gebrauchtteilemarkt mit Verlust wieder verkauft werden konnten.

Neben Karmann in Osnabrück und Hebmüller aus Wülfrath, die den meisten geläufig sind, gab es auch andere Firmen, die in den ersten Jahren einige Berühmtheit erlangten.

Dazu gehörten unter anderen:

Drews aus Wuppertal, Bonito aus Stuttgart, Rometsch aus Berlin-Halensee, Dannenhauer und Stauss aus Stuttgart, MCA-Jetstar aus Bremen, Colani aus Hessisch-Lichtenau, Denzel, Austro-Tatra und die Firma Miesan aus Österreich, Puma aus Brasilien, Enzmann und die Brüder Beutler aus der Schweiz sowie Apal aus Belgien.

Lange bevor Karmann Käfer-Cabrios baute, war die Firma Hebmüller schon im Geschäft. Hier wurden klassisch aussehende Zwei-plus-Zwei-Roadster der feinsten Art hergestellt.

Dieses Cabrio (Typ 14A) war eigentlich ein Käfer der späten vierziger Jahre, aber mit einem schürzenartigen Verdeck, das ihm ein wundervoll ausgeglichenes Aussehen verlieh.

Lackiert waren die Hebmüller-Cabrios immer in zwei Farben, wie es früher für Cabrios vorgeschrieben war.

Leider sind insgesamt nur knapp 700 Stück dieser auffallend schönen Autos gebaut worden. Ein Feuer zerstörte kurz nach Einführung des Cabrios 1949 die gesamte Werksanlage, so daß nur noch Restbestände auf den Markt kamen.

Andere waren erfolgreicher. Zum Beispiel die Firma Rometsch aus Berlin. Diese renommierte, alteingesessene Firma baute nicht nur viertürige Taxis, wirtschaftliche Autos mit Hintertüren für die Gäste, sondern auch ein exclusives Sportcabrio, das als Modell Beeskow (benannt nach dem Autodesigner, der später Chefingenieur bei Karmann war) bekannt wurde. Dies ist heute eines der seltensten VW-Cabrios in der Welt und es wird behauptet, daß etwa 2.000 Arbeitsstunden in jedes dieser verlängerten Aluminium-Modelle gesteckt wurden. Leider fand die Zusammenarbeit von Rometsch und VW 1961 ein jähes Ende, und aus war der Traum vom außergewöhnlichen Auto auf Käfer-Basis.

Wolfgang Denzel begann 1948 mit einem niedrigen, stromlinienförmigen „Käfer" auf einem Kübelwagenchassis. Mit diesem Auto gewann er die österreichische Alpenfahrt, und sofort war die Nachfrage zu einer kleinen Serie da.

1952 baute Denzel sogar sein eigenes Chassis mit kurzem Radstand und VW-Renngang. Doch auch hier konnte der „Kleine" mit den Großen nicht mithalten. Denzel beendete 1959 die Produktion nachdem er über 300 offene Coupé- und Sportmodelle verkauft hatte.

Die Stuttgarter Firma Dannenhauer & Stauss produzierte ein ähnlich aussehendes Cabrio. Einige von diesen excellenten Einzelstücken findet man noch (z.B. während der Ausstellung „Käfer, die nicht aus Wolfsburg kamen" im AutoMuseum Volkswagen) vereinzelt auf Käfertreffen. Das Cabrio kostete damals DM 5.342,00 und war bestimmt jeden einzelnen Pfennig wert.

Die Austro Tatra bekam 1959 von Wolfsburg den offiziellen Segen für ein offenes Geleitfahrzeug, von denen sie ca. 150 Stück an die Wiener Polizei auslieferte.

Die Firma Miesan wiederum hatte sich auf Ambulanz-Fahrzeuge spezialisiert.

Die Brüder Beutler (Erbauer von Porsches ersten 356er Coupékarosserien) produzierten indessen Alltagsmodelle und Sport-Versionen. Unter anderem einen auf Käfer basierenden Lieferwagen. Das 54er Coupé besaß allerdings gar keine Ähnlichkeit mehr mit dem Käfer. Es sah eher aus wie ein Italiener.

Alle diese Firmen bauten an und um den Käfer schon vor 40 bis 50 Jahren die ausgefallensten Karosserien. Lange bevor man sich einen Bausatz per Katalog bestellen konnte.

Dannenhauer & Stauss

Karosserie und Fahrzeugbau
Dannenhauer & Stauss, Stuttgart.
Sie fertigten von 1951 bis 1955 etwas über 100 Cabrio-Fahrzeuge und 2 Coupés.

Sportcabriolet auf VW-Fahrgestell in Ganzstahlausführung mit 2 verstellbaren Vordersitzen und einer hinteren Sitzbank. Die Rückenlehne der Notsitze ist umklappbar, um evtl. als Verlängerung des Kofferraumes zu dienen. Mit wenigen Handgriffen können sie auch ganz entfernt werden. Die hinteren Kotflügel sind abnehmbar.
Das Armaturenbrett, á la VW mit Tachometer und Zeituhr (je 80 cm Durchmesser) sowie einem abschliessbaren Handschuhkasten.
Die Windschutzscheibe besteht aus Sicherheitsglas.

Die Farbe der Lackierung bestimmte der Kunde, wie auch die Polsterung des Interieurs, die in bestem IGELIT-Kunstleder ausgeführt wurde. Das Verdeck ist im zurückgelegten Zustand im Heckteil des Wagens versenkt und mit einer abnehmbaren Verdeckhülle abgedeckt.

Preis:
9000 DM kostete ein komplettes Fahrzeug. Lieferte man das Chassis selbst an, reduzierte sich der Preis auf genau 5.342 DM für den eleganten Aufbau einschließlich Montage.

Mehrausstattungen gab es auch. So bekam man für 34 DM ein Lenkradschloß mit Namen „Ingenia", oder für 39 DM einen Notsitz mit Federkasten eingebaut.

Dannenhauer & Stauss

Der Bug erinnert an den Porsche 356 und das Heck an einen DKW 3=6.

Baujahr:	1953
Fahrgestell Nr.:	1-0442 919
Farbe:	burgundrot
Motor Nr.:	1-0 537 143
Produziert:	09. 02. 1953
Ausgeliefert:	13. 02. 1953
An:	Neue AMAG Zürich
Restauraetur und Besitzer:	Willi Kuhn Kammern (Schweiz)

Technische Daten:
Sportcabriolet auf VW-Fahrgestell in Ganzstahlausführung.
Länge: 4,30 m
Breite : 1,55 m
Gewicht: 778 kg.

Motor:
Vierzylinder-Boxermotor, luftgekühlt
Bohrung: 77 mm, Hub: 64 mm
Hubraum:1192 ccm
Leistung: 30 PS (22 kW) bei 3400 U/min
Höchstgeschwindigkeit: 118 km/h

oben: Dannenhauer & Stauss Cabrio, eine Rarität. unten: Blick auf das Cockpit

Dannenhauer & Stauss
Seit 1970 ist das Fahrzeug im Besitz von Hans-Dieter Wilhelm aus Biblis.

Technische Daten:
Baujahr: 1953 Typ 1/11
Motor: 1,3 Liter, Volkswagen / Oettinger
Leistungssteigerung:
42 PS (30 kW) bei 4200 U/min
Höchstgeschwindigkeit: 140 km/h

links:
Dieser Dannenhauer & Stauss wurde in einem Schweinestall entdeckt.
Er konnte aufgrund seines schlechten Zustandes leider nicht mehr restauriert werden.

Dannenhauer & Stauss, Sport-Cabriolet auf VW-Fahrgestell in Ganzstahlausführung

Dannenhauer & Stauss
Sportcabriolet auf VW-Fahrgestell in Ganzstahlausführung.

Tag der Erstzulassung:
12. Juni 1951
Seit 1981 ist das Fahrzeug im Besitz von Volkmar Kayser aus Mainaschaff.

Dieses Dannenhauer & Stauss-Cabriolet wurde in liebevoller dreijähriger Kleinarbeit (1985 bis 1988) wieder zu einem Schmuckstück herausgeputzt.
Die Polsterung war bei der Herstellung aus bestem IGELIT-Kunstleder. Der neue Besitzer ließ bei der Restaurierung das Kunstleder durch graues Leder ersetzen.

Bei der „VW-Action 1993" im Weston Park in Shropshere gewann dieser Dannenhauer & Stauss zwei Pokale.

Technische Daten:
Oettinger-Triebwerk
Vierzylinder-Boxermotor, luftgekühlt
Bohrung: 77 mm, Hub: 64 mm
Hubraum: 1,3 Liter
Leistung: 45 PS (33 kW) bei 4200 U/min
Höchstgeschwindigkeit: 140 km/h

Dannenhauer & Stauss, Sport-Cabriolet

Baujahr:1953 Erstzulassung: 27. Februar 1953
Das Fahrzeug ist immer im Raum Nürnberg gefahren worden. Der Erstbesitzer war Prof. Dr. Jahn, der diesen Wagen bei Kurt Stauss in Auftrag gegeben hatte. 1953 gab es bereits die einteilige Windschutzscheibe. Prof. Dr. Jahn wollte jedoch noch die geteilte Scheibe; deshalb wurde diese damals eingebaut. Das Fahrzeug ist noch vollständig im Originalzustand.
Sein jetziger Besitzer ist Manfred Kranz aus Oberasbach, der den Dannenhauer & Stauss seit 1996 besitzt.

Technische Daten:
Bohrung: 77 mm, Hub: 64 mm
Hubraum:1192 ccm
Leistung: 30 PS (22 kW) bei 3600 U/min
Höchstgeschwindigkeit: 115 km/h

1951er Polizei-Käfer von Papler aus Köln

20 Papler Cabrios wurden insgesamt bei der Firma Papler in Köln gebaut.
Das Fahrzeug wurde von 1951 bis 1959 vom Düsseldorfer Polizeipräsidenten gefahren.
Es ist ein Viersitzer, weil die Dachschere nach innen gelegt wurde.

Besitzer ist seit 1996 Hermann Walter aus Verl.
Seit 1959 ist das Auto abgemeldet.

Enzmann

Den türlosen Roadster stellte Enzmann 1957 auf der IAA in Frankfurt vor. Die Standnummer 506 verlieh der eigenwilligen Kunststoffkarosserie den endgültigen Namen: Enzmann 506.
Die leichte, verwindungssteife Karosserie wog nur 550 Kilogramm und beschleunigte den Wagen mit Hilfe eines 45 PS starken 1300er OKRASA-Motors auf 160 km/h. Für 8000 Schweizer Franken ging dieser extravagante Zweisitzer an den Kunden.

Bis 1968 fanden sich über 100 Käufer, die sich heute zu einer eingeschworenen Fangemeinde zusammengeschlossen haben.

Es gibt 2 Enzmann in Deutschland - beide sind im Besitz von Heinz Göbel.
Weltweit soll es noch 13 weitere Exemplare geben.

Das hier gezeigte Fahrzeug wurde schon mehrmals publiziert; u.a. in "Motor-Klassik" und "Der Markt".

Das Fahrzeug ist im Originalzustand und seit 1963 im Besitz von Heinz Göbel aus Reinheim.

Mit dem hier gezeigten Enzmann ist er bis jetzt 130.000 km gefahren.

Enzmann-Cabriolet auf VW-Fahrgestell

Der Enzmann - Käfer

Baujahr: 1963 mit Porsche Motor
Motorleistung: 75 PS (55 kW)
Höchstgeschwindigkeit 175 km/h
Porsche-Räder
Porsche-Bremsen

Da es nur noch so wenige Exemplare dieses außergewöhnlichen Autos gibt, ist es besonders hervorzuheben, daß sie sich in so ausgezeichnetem Zustand befinden.

Enzmann

1953:
Erste Entwürfe von Dr. Emil Enzmann für einen 2 sitzigen Sportwagen mit Kunststoff- Karosserie auf VW-Basis.

1954:
Das Holzspanntenmodell wird gebaut.

1955:
Prototyp mit Aluminium-Karosserie; davon Negativform.

1956:
Der erste ENZMANN ist fertig und wird am COMPTOIR SUISSE in Genf dem Publikum vorgestellt.

1957:
Der ENZMANN-SPIDER wird auf der IAA in Frankfurt auf dem Stand 506 ausgestellt; daher der Name „ENZMANN 506".

1961:
Es wurden 60 Komplettwagen in alle Welt verkauft.

1964:
Ca. 10 ENZMANN-Bausätze ergänzen die gesamte Produktion zu maximal 100 ENZMÄNNERN.

Rometsch

Die Karosserie-Firma Friedrich Rometsch in Berlin-Halensee war eine der ersten, die auf Volkswagen-Fahrgestelle schöne Cabriolets und Coupés aufbaute.

Im Jahr 1950, anläßlich der Berliner Automobilausstellung, stellte Rometsch seine automobilen Kreationen vor.
Als erster Kunde wird der Schauspieler Victor de Kowa im Auftragsbuch verzeichnet.

Abgelöst wurde sie von einem neuen Modell, das deutliche Design-Einflüsse aus Amerika zeigte.

Die Firma Rometsch hatte im November eine fabrikneue Volkswagen Export-Limousine bei der Firma Eduard Winter in Berlin gekauft, um dieses Fahrzeug im Kundenauftrag (Günter Asmuss) zu diesem „Sport-Coupé" umzubauen.
Der jetzige Besitzer, Traugott Grundmann, erwarb das Fahrzeug in den 80er Jahren.

Rometsch Coupé „Beeskow" Hier als Leigabe im AutoMuseum Wolfsburg

Auch seine amerikanischen Berufskollegen, wie Gregory Peck und Audrey Hepburn gehörten zum Kundenkreis.
Die Fahrzeuge zeichneten sich durch ihre hohe Qualität und das vollendete Finish aus.
Bis Mitte 1957 fertigte Rometsch seine „Banane".

Bei der Verleihung der "Goldenen Rose" in Genf belegte ein Vorgänger des hier ausgestellten Rometsch Coupé's 1954 und 1955 den 1. Platz.

1954 startete dieses Automobil unter der Nummer 17, die im Wagen zu sehen ist.

Technische Daten:
Baujahr: 1955
Bohrung: 77 mm, Hub: 64 mm
Leistung 25 PS (18 kW)
Hubraum: 1192 ccm
Höchstgeschwindigkeit: 117 km/h

Rometsch-Cabriolet „Beeskow" und noch kurz ein Blick auf das gut gestylte Cockpit

Die Firma Rometsch hat im April 1956 eine fabrikneue Volkswagen Export-Limousine bei der Firma Eduard Winter in Berlin gekauft, um dieses Fahrzeug im Kundenauftrag (Frau Dr. Kuchowski) zu diesem „Spezial-Sport-Cabriolet" umzubauen.

Seine Erstausstattung:
Lackierung: seegrün
Sitze und Verkleidung: Schweinsleder
Verdeck: schwarz

Der jetzige Besitzer, Traugott Grundmann, erwarb das Fahrzeug in den 80er Jahren.

Das Rometsch Cabriolet „Beeskow" wurde 1956 mit der "Goldenen Rose" in Genf ausgezeichnet.

Technische Daten:
Baujahr: 1956
Bohrung: 77 mm, Hub: 64 mm
Leistung 25 PS (18 kW)
Hubraum: 1192 ccm
Höchstgeschwindigkeit: 117 km/h

**Rometsch Cabrios "Beeskow"
hier am Start beim Oldietreffen
in Hessisch Oldendorf**

Wie zwei eineiige Zwillinge wirken diese beiden Rometsch Cabriolets.

Ausser diesen roten Cabrios waren noch ein silberner Rometsch „Beeskow" und ein „Lawrence" Coupé am Start.

**Viertüriges "Käfer-Taxi" von Rometsch, hier als Leigabe im AutoMuseum Wolfsburg
Besitzer: Heinz Willi Lottermann aus Bad Camberg**

Im August 1952 baute die Berliner Karosseriebaufirma Rometsch den ersten viertürigen VW-Käfer, der dann im August 1953 zum erstenmal zugelassen wurde.
Um ein zweites Paar Türen einzusetzen, mußte das Dach und die Bodengruppe in der Mitte eingeschnitten und um 22 cm verlängert werden.
Die Originaltüren wurden gekürzt und die Bodenplatte zusätzlich verstärkt.

Als potentielle Kunden erhoffte man sich das Taxigewerbe und die Polizei.
Das Fahrzeug ist über viele Jahre in Berlin und Frankfurt als Taxi gelaufen.

Sein letzter Besitzer war ein Student, von dem der jetzige Besitzer Heinz Willi Lottermann aus Bad Camberg das Auto 1975 erworben hat.

Technische Daten:
Baujahr: 1953
Bohrung: 77 mm, Hub: 64 mm
Hubraum: 1192 ccm
Leistung 30 PS (22 kW)
Höchstgeschwindigkeit: 110 km/h

Rometsch „Lawrence" Coupé als Leihgabe im AutoMuseum Wolfsburg

26 Jahre lang war dieses Coupé nur Ausstellungsstück.
Bis 1984 wurde er 0 km gefahren.
Die Aluminiumkarosserie ist eine Einzelanfertigung mit vielen Zurüstteilen anderer Firmen.
Der Preis lag auf Porsche-Niveau.

Es ist bisher das einzige übriggebliebene Exemplar in Deutschland, was restauriert und zugelassen ist - deshalb ist es eine Rarität.
Das Fahrzeug ist seit 1984 im Besitz von Jürgen Kolle aus Braunschweig.

Technische Daten:
Baujahr: 1958
Vierzylinder-Boxermotor, luftgekühlt
Bohrung: 77 mm, Hub: 64 mm
Hubraum: 1192 ccm
Leistung 36 PS (27 kW) bei 3600 U/min
Höchstgeschwindigkeit: 140 km/h

Rometsch-Cabrio „Lawrence". Hier beim Oldietreffen in Hessisch Oldendorf

Chamonix-Spider 550 S

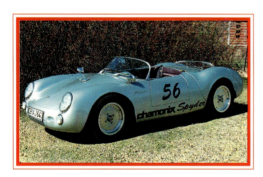

Technische Daten:
Vierzylinder-Boxermotor, luftgekühlt
Bohrung: 88 mm, Hub: 69 mm
Hubraum: 1678 ccm
Leistung: 95 PS (69 kW) bei 5400 U/min
Höchstgeschwindigkeit: 182 km/h

Alle Karosserieteile werden aus Kunststoff gefertigt. Chromverzierung und Instrumente sind dem Original weitgehend nachempfunden. Der Gitterrohrrahmen ist eine Eigenanfertigung. Die Basis-Motoren und die Fahrwerkskomponenten stammen von VW.

Motoren werden von 70 bis 130 PS angeboten. Das Fahrzeug wird bis heute, wenn auch in kleiner Serie, in Brasilien gefertigt und auch nach Deutschland exportiert.

Das APAL-Sport-Coupé!
Bereits 1961 wurde dieses dynamische Coupé auf der Automobilausstellung in Brüssel mit einem 90 PS TDE-Motor vorgestellt

Es ist 2/2 sitzig und wird teilweise auch mit Porsche-Aggregaten geliefert.
Das Fahrzeug wird bis heute, wenn auch in kleiner Serie, in Belgien gefertigt und auch nach Deutschland exportiert.

Technische Daten:
Vierzylinder-Boxermotor, luftgekühlt
Bohrung: 85,5 mm, Hub: 69 mm
Hubraum: 1584 ccm
Leistung: 90 PS (66 kW) bei 5200 U/min
Höchstgeschwindigkeit: 170 km/h

PUMA aus Brasilien

Das Fahrzeug wurde in Brasilien gefertigt und 1979 nach Deutschland importiert.

1982 erwarb Regina Oder-Hombach aus Reichshof-Denklingen den PUMA; sie ist Erstbesitzerin.

Colani GT

Der Colani Gt wurde als Bausatz (Preis ca. 7500 DM) geliefert und auf das unverkürzte Fahrgestell des Käfers aufgebaut. Motorisierung: Je nach Wunsch zwischen 44 und 90 PS.
Der Besitzer ist:
Jochen Feldhusen, aus Gelsenkirchen.

Technische Daten:
Baujahr: 1979
Vierzylinder-Boxermotor, luftgekühlt
Bohrung: 85,5 mm, Hub: 69 mm
Hubraum: 1584 ccm
Leistung: 50 PS (37 kW) bei 4400 U/min
Höchstgeschwindigkeit: 160 km/h

Stoll Coupé hier im AutoMuseum Volkswagen

1996 hat die Stiftung AutoMuseum Volkswagen das Stoll Coupe' für seine Ausstellung erworben

Das Stoll Coupe' wurde 1952 im Auftrag von Rechtsanwalt Bernhard Riepenhausen durch die Firma Stoll Karosseriebau Bad Nauheim als Einzelstück gebaut.

Nachdem es durch mehrere Hände gegangen war, restaurierte es der englische Käfer-Liebhaber Bob Shaill. Er versetzte es wieder in den Originalzustand.

Technische Daten:
Baujahr: 1952
Vierzylinder-Boxermotor, luftgekühlt
Bohrung:77 mm, Hub:64 mm
Hubraum: 1192 ccm
Leistung: 30 PS (22 kW) bei 3400 U/min
Höchstgeschwindigkeit: 110 km/h

Großes Aufsehen erregte im April 1971 dieser sportliche Renner auf der „Deutschen Industrieausstellung" in Sáo Paulo.
Im Juni 1972 lief bei Karmann-Ghia do Brasil die Serienfertigung an.
Um die Serienfertigung möglichst niedrig zu halten, wurden viele Baukomponenten von anderen VW-Modellen übernommen.
Als Chassis verwandte man die Bodengruppe des VW-Typ 3.
Bis 1976 wurden 11 123 Fahrzeuge gebaut.

1972 wurde dieser SP 2 von Karmann in Brasilien gebaut. Das sportliche Coupé auf VW-Basis hatte 1,7 Liter und 65 PS

Technische Daten:
Vierzylinder-Boxermotor, luftgekühlt
Bohrung: 90 mm, Hub: 66 mm
Hubraum: 1679 ccm
Leistung: 65 PS (48 kW) bei 4600 U/min
Höchstgeschwindigkeit: 171 km/h

MCA Jetstar aus Bremen, ein Nachbau des amerikanischen Devin, mit 75 PS TDE Motor

Volkswagen-Sportversionen sind schon seit vielen Jahren ein unerschöpfliches Objekt für den kleinen Bastler. Von den meisten Wagen dieser Art unterscheidet sich der Jetstar dadurch, daß bei ihm nicht der Plattformrahmen des Käfers verwendet wurde. Er hatt einen eigenen Rohrrahmen, in den dann verschiedene, als Ersatzteil käufliche VW-Aggregate einzeln montiert wurden.

WEBER
VERGASER • EINSPRITZUNGEN

Elektrik • Elektronik • Vergaser
Zubehör • Austausch- und Ersatzteilprogramm
Ersatzvergaser für diverse Fahrzeuge
Entwicklung und Herstellung von
leistungssteigernden Vergaser-Kits
Einstellarbeiten und Leistungsmessungen
auf modernsten Prüf- und Testeinrichtungen
Auch für Allradfahrzeuge
Nutzen Sie unsere mehr als 50jährige Erfahrung!

 Viktor Günther GmbH

Kölner Straße 236 • 51149 Köln-Porz
Tel.: 0 22 03 - 9 11 46 - 0 • Fax: 0 22 03 - 9 11 46 - 6

LEISTUNGSSTARK - ZUVERLÄSSIG - STANDFEST

Alle von uns entwickelten Motoren haben ihre Qualitäten
bereits im Alltag und im Motorsport erfolgreich bewiesen.
Nutzen Sie unsere Erfahrungen.

Unser Lieferprogramm umfaßt VW-Motoren Typ IV von 2 L,
74 kW (100 PS) bis 2,4 L, 140 kW (190 PS), sowie Rumpf-
motoren für Typ I und Ersatzteile.

Vogelsanger Straße 385a · 50827 Köln · Tel. 0221/585641
Katalog gegen 5.-, in Briefmarken anfordern

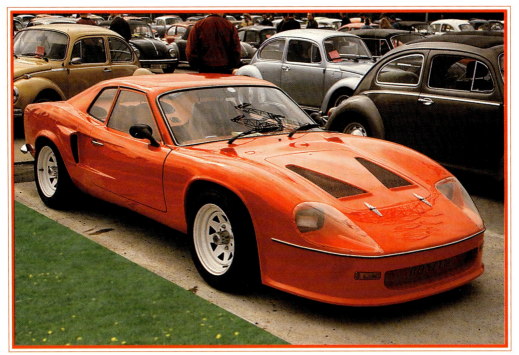

Bonito Sport Coupé

Der Bonito wurde von der Firma Fiberfab entwickelt. Ursprünglich dem Ford GT 40 nachempfunden. Unter Verwendung des VW Fahrgestells und diverser Bauteile wurde er in einer kleine Serie gefertigt.

Wenngleich die ersten Fahrzeuge zum Teil mit getunten Käfermotoren ausgerüstet waren, so werden heute auch Golf-Motoren der verschiedensten Leistungsklassen eingebaut.

Drews Cabrio

Die Wuppertaler Firma Drews baute bereits ab 1947 ein zweisitziges Sport-Cabriolet auf Käfer-Basis. Die Karosserie führte man in Ponton-Form aus. Etwa 150 Fahrzeuge mit Aluminiumkarosserie auf Rohrgerippe entstanden bis 1950.

Der stolze Besitzer eines solchen Wagens mußte 10.000 DM für diese Handarbeit bezah-

Technische Daten:
Vierzylinder-Boxermotor, luftgekühlt
Bohrung: 85,5 mm, Hub: 69 mm
Hubraum: 1584 ccm
Leistung: 87 PS (64 kW) bei 5200 U/min
Höchstgeschwindigkeit: 178 km/h

EMPI Buggy

Unter dem Motto „Spaß am Volkswagen" waren die Amerikaner sehr erfinderisch. Nicht nur ihr besonderes Verhältnis zum Käfer kam darin zum Ausdruck, sondern auch die vielfältigen „Variationen zum Thema Volkswagen" sind ein Beweis dafür.

Der Dune Buggy ist sicher nicht aus einem echtem Transportbedürfnis, sondern vielmehr aus einer Laune heraus entstanden, den geliebten Käfer auch mit „zum Spielen" an den Strand nehmen zu können.
Zunächst zersägte man alte Käfer und machte aus ihnen offene Strandwagen. Als dann die Ästhetik in den Vordergrund trat, „verpaßte" man dem Käfer-Fahrgestell eine neue gestylte „Fun-Karosserie".

Besonders gelungen ist dieser EMPI-Buggy.

Technische Daten:
Vierzylinder-Boxermotor, luftgekühlt
Bohrung: 83 mm, Hub: 69 mm
Hubraum: 1493 ccm
Leistung: 44 PS (32 kW) bei 4200 U/min
Höchstgeschwindigkeit: 125 km/h

Direkt aus den USA kam die Buggy-Idee auch nach Europa. Ende der 60er Jahre plante die Redaktion der Fachzeitschrift „Gute Fahrt" eine deutsche Version auf VW-Basis mit verkürztem Chassis.
Die Karosserie wurde von Karmann aus glasfaserverstärktem Kunststoff gefertigt.
Der Bausatz kostete DM 2950,-.
Von 1969 bis 1974 wurden ca.1200 Bausätze geliefert, die überwiegend in VW-Werkstätten montiert wurden.

Shalaco, der Wüsten-Renner aus Kalifornien
Das Fahrgestell, diverse Bauteile sowie Motor und Getriebe stammen vom Käfer

"Silver Buggy" aus Kalifornien

Buggies sind überall zu Hause und beim Freizeitsport sehr beliebt

Der APAL Buggy wird mit VW-Aggregaten geliefert.

Bei uns schon lieferbar!!!

Unsere Angebote:

G-KAT Nachrüstsätze, für alle VW ohne Einbau

Typ 4 Komplettmotor, 2.0 ltr. (82 KW), 2.000 km, ½ Jahr Garantie

Typ 1 Komplettmotor, 2.0 ltr. (95 KW), Porschegebläse, überholt, 1.500 km

Typ 1 Rumpfmotor AT, 1835 ccm (bis ca. 70 KW)

div. Vergaseranlagen

- *Motortuning*
- *Motorbearbeitung*
- *Motorprüfstand*
- *Katalysatoren*
- *Ersatzteile*
- *Fahrwerke*
- *Bremsanlagen*
- *Restaurierungen*
- *Fahrzeugbeschaffung*
- *Sondereintragungen*

Willibald T·U·N·I·N·G

Bischofsheimer Weg 10 · 97922 Lauda-Königshofen
Telefon (0 93 43) 33 00 · Telefax (0 93 43) 33 97

"Desert" Buggy, elegant und spritzig

Technische Daten:

Motor:
Vierzylinder-Boxer,
luftgekühlt, Typ 4
Bohrung: 94 mm
Hub: 71 mm
Hubraum: 2 Liter
Leistung: 160 PS
(118 kW)
bei 6500 U/min
Höchstgeschwind.:
186 km/h

Mal ein Pickup, mal ein Sportcoupé, mal ein Transporter,
mal ein. . . usw. usw.
Aus einem Käfer und seinen Bauteilen lässt sich
so gut wie alles machen.
Hier ein kleiner Überblick.

Unendlich sind die Variationsmöglichkeiten und jeder dieser Käfer ist ein Schmuckstück für sich

Einige dieser Fahrzeuge werden von verschiedenen Firmen auch als Bausatz geliefert

Aus den Bauteilen des legendären Käfers werden, von Bastlern genau so wie von den Professionellen, die verwegensten Fahrzeuge gezaubert.

Hier nur einige aus einer Fülle der Varianten.

Käfer-Cup

Es gibt viele Motorsport-Veranstaltungen der verschiedensten Kategorien. Angefangen bei der Königs-Disziplin der Formel 1 bis zu den Kart-Rennen auch noch im letzten Dorf.

Eines der letzten Relikte aus grauen Käfer-Vorzeiten ist der Käfer-Cup, der, obwohl der Käfer viele Jahre im Motorsport in den verschiedensten Sparten bis zur Formel V vertreten war, leider erst einmal nicht mehr am Motorsport teilnehmen durfte.

Seit Jahren war der Käfer nämlich nicht mehr homologiert und so blieb nur noch die Gruppe H im Reglement der ONS übrig.
1989 kam es dann dank der Initiative von Klaus Morhammer zum ersten Käfer-Cup. Morhammer kniete sich mit Sachverstand voll in diese Aufgabe und er kann heute auf ein Jahrzehnt erfolgreicher Käfer-Cup-Veranstaltungen zurückblicken.

Das technische Reglement änderte sich im Laufe der Jahre, die Freude am Fahren und der Spass bleiben aber immer gleich.

Und so ist es auch nicht verwunderlich, wenn man die Fahrer mit ihren Renn-Käfern sieht, die mit Mann und Maus, sprich Frau und Kind, zum Wettbewerb anreisen.

Für die mitgebrachten Familienangehörigen findet sich eine Menge Unterhaltung und die Rennfahrer tauschen im Fahrerlager mehr oder weniger wichtige Details aus.

Dadurch, daß der Käfer-Cup in verschiedenen Motorsport-Kategorien gefahren wird, nämlich in Slalom, Bergrennen und Rundstreckenrennen, wird den Fahrern großes fahrerisches Können abverlangt.

Während der Renn-Einsätze in Zolder, dem Nürburgring und dem Salzburgring haben die Käfer-Cup-Piloten großes Aufsehen erregt. Die Medien stürzen sich begeistert auf die Rennwagen aus längst vergangener Zeit.

Cup-Käfer vor dem Start auf dem Bitburger Flugplatz

Viele Sponsoren tragen mit ihrer Werbung auf den Käfern zum Gelingen bei

Bereits vor 25 Jahren, als der Käfer noch in seiner Hochblüte Stand, gab es das Käferblasen.
Einer der Initiatoren damals war der Motorsport-Journalist Claus-Peter Becker.
In der Ausgabe 11/73 von sport - auto erschien ein Artikel mit der Überschrift: „Bläserfest im Motodrom".

Die Zeitschrift suchte damals den heißesten Käfer Europas. Bis zu 200 PS brachten manche Geschosse auf die Piste. Auf der Viertelmeile wurden echte Carrera-Werte gefahren.
Beim entscheidenen Rennen um die schnellste Viertelmeile gewann Ronald Jütting und erhielt den ausgesetzten Preis von 1.000,00 DM.

In der Zwischenzeit hat sich viel verändert. Nicht nur durch den Wegfall der Homologierung sondern auch durch die Vielfalt des übrigen Motorsports.

Doch die ewig Käfertreuen sind immer noch dabei wenn zum Käferblasen gerufen wird.

Wie in jedem Jahr so wurde auch diesmal die Veranstaltung von der VW-Zeitung „Speed" organisiert

Bitburg in der Eifel.
Ehemaliges Militärgelände mit Start- und Landepisten ohne Ende. Das Wetter meint es nicht besonders gut mit den Teilnehmern. Ein kalter Wind weht wie immer in der Eifel. Die Renn-Käfer stehen im Fahrerlager. Die Piloten in ihrer Rennkleidung sehen professionell aus wie Michael Schumacher und Co. Die Spannung ist hoch und die Zuschauer unterstützen die Fahrer mit Jubel und Applaus. Neben dem Fahrerlager sind die obligatorischen Verkaufsstände mit Ersatzteilen, Zubehör und Motorenteilen aus längst vergessenen Beständen aufgebaut. Bücher werden angeboten und natürlich auch die kleinen Blumenvasen, ohne die ein echter Käfer kein Käfer ist.

Die Zuschauer, selbstverständlich auch Käfer-Infizierte, schlendern vorbei, sehen das eine oder andere was ihre Aufmerksamkeit erregt und genießen den Tag im Kreis von Gleichgesinnten.

Käfershop
M. Lehmann

Für alle Käfer-Modelle/ VW Karmann Ghia

Spezial-Lautsprecher-Boxen

Reparatur • Service • Ersatzteile

- leichte Montage im Fußraum
- starke Fiberglas-Konstruktion
- bis 18cm Ø für Lautsprecher
- läßt genug Platz f. den Fußraum
- einzubauen m. nur 4 Schrauben
- schwarz strukturiert

Fußraum-Boxen

10589 Berlin, Goslarer Ufer 41-47,
Tel.: 030 / 8929107, Fax: 030 / 8911372

Transistor-Zündanlagen

mit 2 Jahren Garantie   mit 2 Jahren Garantie
doppelte Zündanlage
auch für Rennsport

Für Ihre Ersatzteilbestellung:

Wir akzeptieren auch Eurocard,
American Express, VISA und Diners Card.

Wir freuen uns auf Ihre Bestellung.

Der neue Tuning- und Ersatzteilkatalog ist da!

120 Seiten pure Technik
für Käfer & Co.

A. KNUF
POWER TUNING PARTS

SEIT 1977

ALFRED KNUF • Am Stadion 33 • 45659 Recklinghausen
Telefon/Fax: 0 23 61/2 67 54, email PTPAKNUF@aol.com
Öffnungszeiten: Montag-Freitag 8.00-13.00 Uhr,
14.00-18.30 Uhr, Samstag 9.00-13.00 Uhr, 13.30-15.00 Uhr

JETZT BESTELLEN!
DM 15.- Vorkasse, Schein/
Scheck, Ausland DM 20.-

Moderne & traditionelle Lederverarbeitung

- Cabrioverdecke
- Exclusive Lederausstattung
- Himmel- und Teppichauskleidung
- Nachrüstung von Kopfstützen und Sitzheizungen
- Sitzreparaturen
- SCHEEL-MANN Gesundheits-/Sportsitze

30177 Hannover
Am Listholze 60
Tel.: 05 11 - 69 74 29
Fax: 05 11 - 69 03 22

Gebrauchtteile Versand für
VW Käfer, Golf I-III, Scirocco, Corrado, Polo II-III

VW KÄFER-FREUND
Hauptstr 28, 94118 Jandelsbrunn
Tel.: 0 85 83 - 9 15 45   Fax: 9 15 46
Mobil: 01 71 - 5 73 60 65
Öffnungszeiten:
Montag bis Freitag 9.00 bis 19.00
Samstag 9.00 bis 15.00

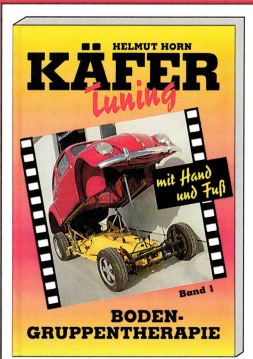

Käfer-Tuning mit Hand und Fuß
Boden-Gruppentherapie
von Helmut Horn

Hier geht's ans Eingemachte! Käfer-Tuning nicht nur knallhart, sondern auch mal ganz anders.

Zahlreichen Abbildungen, ca. 250 Seiten unbezahlbare Tips

DM 49,- + Versandkosten

Bestellen bei:
ACB Verlags GmbH
Krokusweg 8
42579 Heiligenhaus
Tel.: 0 20 54 - 37 27
Fax: 0 20 54 - 66 09

All you need is SPEED

VW SPEED ist das junge Tuning-Magazin für alle Fans luft- und wassergekühlter Volkswagen. Starke Fotos, kompetente Tests und jede Menge Auto-Unikate. Regelmäßig neu an Kiosk und Tankstelle. All you need is SPEED

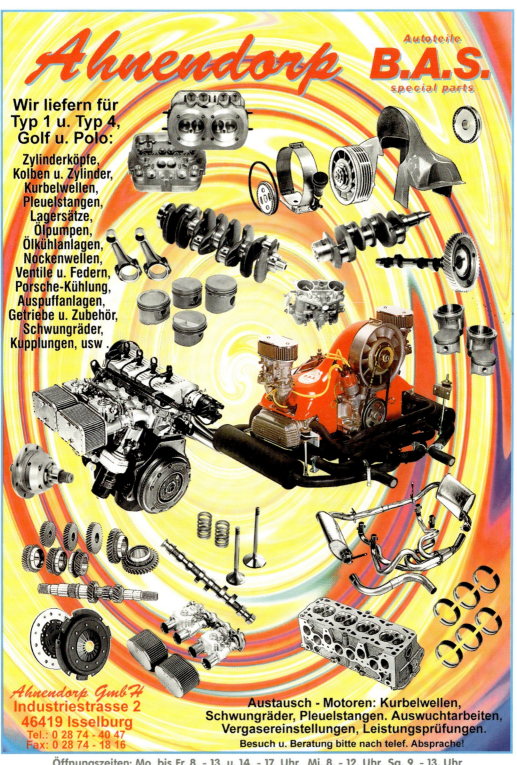

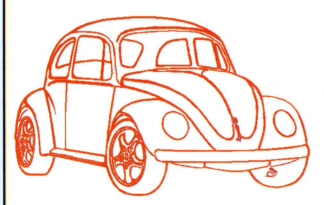

DIE KÄFERWERKSTATT

REPARATUR
TUNING
ERSATZTEILE

André Rudoba
Radeburger Straße 211
01109 Dresden
Tel.+Fax: 0351/8806111

Ersatzteilhandel Tuningteile Restauration
Um- und Aufbauten
TÜV + Abgasuntersuchungen

Öffnungszeiten
Mo. - Fr. 10.00 - 18.00
Sa. 10.00 - 14.00

Ronsdorf

Autoteppiche

**Paßform-Autoteppiche auf Maß gearbeitet-
speziell für jeden Fahrzeugtyp**

Individuelle Beschriftung
in 12 verschiedenen Farbnuancen

Dieselstraße 16
42389 Wuppertal
Telefon. 02 02 - 60 66 40
Telefax. 02 02 - 60 59 19

Wir machen Ihren Käfer (wieder) flott!

- An- und Verkauf
- Bausätze
- Reparaturen
- Cabrio-Verdecke
- Restaurationen
- Umbauten

Auto Peters GmbH
Unfallinstandsetzung, Lackierarbeiten,
Ersatzteile sämtlicher Modelle
Frauenstraße 22 • 82216 Maisach
Tel.: 0 81 41 / 9 00 90 • Fax: 0 81 41 / 9 41 05

Käferschmiede

Essen

Inhaber: Thomas Beer

Die Adresse für

• Beratung •

• Ankauf und Verkauf •

• neue und gebrauchte Originalteile •

• auch für die ältesten Fahrzeuge •
(speziell 50er, 60er, Cabrios)

Öffnungszeiten: Mo.-Fr. 9-19 Uhr, Sa. 9-14 Uhr

☎ 02 01/29 14 74
Fax 02 01/29 14 24

45139 Essen · Am Schacht Hubert 3

Literatur für fast alle Deutschen, Europäischen, Japanischen und Amerikanischen Autos

Werkstatthandbücher, Reparaturanleitungen, Ersatzteilkataloge, Betriebsanleitungen, Fachbücher,
Firmengeschichten, Poster, Mikrofilmrückvergrößerung, Schaltpläne, Kopierservice, Prospekte.

Technische Motorliteratur Gisela Wöbking
Sennerstr. 229 33659 Bielefeld
Tel.: 05 21 - 40 39 56   Fax: 05 21 - 40 39 37

BEETLE FACTORY
Kfz - Meisterbetrieb
Andreas Bröking • Bruch
(Gewerbepark Wagner) • 42279 Wuppertal
Telefon / Fax: 02 02 - 64 60 66

- An- und Verkauf von Gebrauchtwagen
- Reparaturen aller Art
- Fahrwerks- und Motorentuning
- Neue und gebrauchte Käferteile
- TÜV-Vorbereitung
- Restauration
- Unfall- und Wertgutachten
- Reifenservice

IHR SPEZIALIST FÜR LUFTGEKÜHLTES
TYP 1 - 34

- TÜV-Vobereitung
- Restauration
- Resto-Parts
- Olditeile
- Fahrwerkstuning
- Motortuning
- Bullituning
- Ersatzteile

THE BUG BOX - Walter Jelinek
Am Sand 3 • 95685 Falkenberg • Tel.: 09637-252 Fax: -1079

SL- TECHNIK

Vergasertechnik, Elektronik, Spezialteile (Typ 1 und Typ 4) Ersatz-, Zubehör- und Verschleißteile f. luft- und wassergekühlte Volkswagen, Campingzubehör und -teile f. Caravans und Wohnmobile, Gebrauchtteile

z.B.: paßgenaue Aluminium-Innenkotflügel mit Gummirand für alle Volkswagen (vorn und hinten):
Käfer, alle Busse, Typ 3, 411/412, Karmann Ghia (Typ 14), Golf, Jetta I, Polo, Audi 50/60/75/80/90/100 Coupé, Passat I, Scirocco I

z.B.: Vergaserspezial- und Ersatzteile, Spezialdüsen für Solex PICT- und PDSIT-Vergaser

z.B.: Nachrüstkatalysatoranlagen f. Käfer, Bus, KGhia Typ 14, Golf, Polo, Jetta, Scirocco, Audi 80/90/100/200

z.B.: Mini-Küchenkombination (Spüle und 2-Flamm-Kocher mit obenliegenden Bedienelementen), Maße 48 x 46 cm (z.B. für den Bus)

SL- TECHNIK Autoteile GbR, 56355 Hunzel
Telefon: 01 77 24 - 4 92 23, unser AB beißt nicht!

Achtung: neue Adresse !!!

Schöner
Schneller
STOLTE

 0 51 21 / 5 73 30

Erneuerung v. Rahmenköpfen und Bodengruppenhälften mit Original-VAG-Teilen (Abnahme der Karosse) Sonderumbau (Speedster, Van usw.)

Rainer Stolte
Restaurierung • Cabrio-Umbau • Motor-Tuning

Senkingstraße 26 • 31137 Hildesheim

Mister John's Volksshop

bestens sortiertes Gebrauchtteilelager von A-Z
Neuteile in Original- & Repro - Qualität
kompetente Fachberatung
täglicher Versand

Ihr Partner für Käfer & Co.

Tuning
Restauration
Umbauten & Sondereintragungen
Fahrzeugkomponenten aus eig. Fertigung
Sandstrahlarbeiten und Flammspritzverzinken

Inh. Johann Lang
Vilssöhl 10
84149 Velden
Tel.: 0 87 42 - 83 11
Fax: 0 87 42 - 23 52

Unser Team ist für Sie da !!!

VETERANENDIENST PETER FRIED

Postfach 31 D-67123 DANNSTADT
Tel.: 0 62 31 - 91 52 95 Fax: 0 26 31 - 91 52 96

Spezialisiert auf **ORIGINAL NEUTEILE** für
Käfer, Käfer Cabrio, Karmann Ghia, Bus -67, Typ 3
(Bitte übersenden Sie uns Ihre schriftliche Teileanfrage)

Beetle Clinic -
Ihre Käferwerkstatt

Die Adresse für luftgekühlte VW's Typ I - IV und Porsche 914
Wartung • Reparatur • Restaurierung • Beseitigung von Unfallschäden • Motorüberholung
KAT Einbau • Tuning • neue u. gebr. Ersatzteile • Sonderzubehör • gebr. Käfer vorrätig

Hinz & Heide GmbH • Wilhelmstr. 26 - 30 (Ecke Heerstr.) • 13593 Berlin - Spandau
Tel. 030 / 36 28 34 14 • Fax 030 / 36 28 34 15

Nachwort

Bei dieser Gelegenheit möchte ich mich auch in diesem Band bei allen bedanken, die mich bei der Arbeit zu diesem Buch unterstützt haben.
Sollte der Eindruck entstehen, daß der eine oder andere zu gut oder aber etwas schlechter weggekommen ist, so versichere ich, daß es keinesfalls absichtlich geschah.

Besonders bedanken möchte ich mich bei allen, die mir geholfen haben, dieses Buch fertigzustellen. Vor allem für die freundliche Überlassung von Fotos, technischen Informationen und wichtigen Insider-Details.

In der Hauptsache bei den Mitarbeitern

des Volkswagen Museums in Wolfsburg, besonders bei Herrn Dr. Bernd Wiersch
des Volkswagenwerks
des Karmann Museums in Osnabrück
der Zeitschrift „VW Scene International", mit Fotos von Dieter Debo und Helmut Horn
der Zeitschrift „Gute Fahrt", mit Fotos von H. J. Klersy,
der Zeitschrift „Speed".

Bei Klaus Morhammer als Organisator des Käfer-Cup
Heinz Willi Lottermann, Bad Camberg, der mir Bilder aus seiner Privat-Sammlung zur Verfügung stellte
Herrn Volkmar Kayser, Mainaschaff, der mir seine Bilder zur Veröffentlichung überließ
und vielen anderen, die mir erlaubten ihre Käfer zu fotografieren.

Aber auch bei den Mitarbeitern der namhaften Tuning Firmen und Zubehörlieferanten, die uns freundlicherweise viele schöne Bilder übermittelten.

Besonders aber bei denen, die mir namentlich bekannt, vereinzelt aber auch unbekannt waren, derer Fahrzeuge wir in Bild und Text vorgestellt haben.
Mit vielen von ihnen verbindet mich eine langjährige Freundschaft und auch bei diesem Buch war ich erfreut über ihre wiederholte Hilfsbereitschaft.

Ich hoffe auch in Zukunft auf die gleiche fruchtbare Zusammenarbeit.

Nun ist ein weiterer Käfer-Band geplant denn das Tunen des Käfers ist mehr und mehr von Spezialisten übernommen worden. Diese Rätsel wollen wir Ihnen erklären und sicherlich werden auch Sie sich wieder unter den Lesern befinden wenn es heißt:

Käfer-Tuning und Mehr

Darum bis bald,

Ihr Theo Decker

**TUNING UND RESTAURATIONSTEILE
FÜR LUFTGEKÜHLTE VOLKSWAGEN**

**Custom & Speed Parts Autoteile GmbH
Am Redder 3
22941 Bargteheide**

Hotline: 045 32/20 26 22
Bestellannahme: 045 32/232 40
Fax: 045 32/222 22

E-Mail: pro@customspeedparts.com
Internet: http://www.customspeedparts.com